Giuseppe Ivan Undari

Il volto grazioso di Dio

Giuseppe Ivan Undari

Il volto grazioso di Dio

Introduzione alla lettura della teologia della grazia di H.U. von Balthasar

Edizioni Sant'Antonio

Cover image: Fornito dall'autore

Publisher:
Edizioni Accademiche Italiane
is a trademark of
International Book Market Service Ltd., member of OmniScriptum Publishing Group
17 Meldrum Street, Beau Bassin 71504, Mauritius

Printed at: see last page
ISBN: 978-613-8-39194-4

A
Francesco Conigliaro

Introduzione

Dal 1970 ad oggi le tesi dottorali che hanno scelto come ambito della loro ricerca gli scritti di H. U. von Balthasar[1], si sono moltiplicate considerevolmente, accogliendo in questo modo l'auspicio di K. Rahner, il quale in occasione del 60^0 compleanno del teologo svizzero, scriveva: «credo che la grande opera di von Balthasar sia ancora nella condizione di avvento e di semente. Sparsa nel campo della Chiesa, fruttificherà molto più di quanto ora ci è dato di vedere. E' un augurio e una ferma speranza»[2]. Un augurio e una speranza già in atto ma ancora in fase di realizzazione, poiché bisogna riconoscere come afferma A. Moda:

> «malgrado una ricezione a prima vista imponente e malgrado uno sforzo convergente degli scritti su Balthasar, il progetto balthasariano stenta ancora a radicarsi, anche per le sue intrinseche difficoltà, nella cultura teologica italiana, malgrado tanti consensi, a volte fin troppo laudativi ed entusiasti»[3].

A partire da queste osservazioni, chi si inoltra per questo sentiero nello studio di un qualche aspetto del suo pensiero, si confronta sin dall'inizio con una serie di difficoltà, alcune delle quali sarà difficile eliminare del tutto. Per utilizzare un immagine ancora più audace, dobbiamo rimandare a quanto scrive G. Colombo: «Di fronte a lui ci si trova un po' come Mosè il giorno della sua vocazione, si è davanti a un roveto ardente: guai a provare ad allungare le mani per tentare di appropriarsene, se ne resta bruciati»[4].

Vorrei ricordare soltanto alcune di queste difficoltà: siamo di fronte ad un'opera imponente[5], basti solo ricordare la *Trilogia*[6], la complessa *sinfonia*

---

[1]Per una conoscenza della vita e del pensiero di Balthasar si possono leggere i seguenti contributi: *Balthasariana: per gli 80 anni di H.U. von Balthasar*, in «Studia Patavina» 32 (1985), pp. 585-594; G. Ruggieri, *Il principio estetico nella teologia di Hans Urs von Balthasar*, in «Humanitas» 44 (1989), pp. 338-353. E. Guerriero, *Hans Urs von Balthasar*, Morcelliana, Brescia, 2006. K. Lehmann – W. Kasper (edd.), *Hans Urs von Balthasar. Figura e Opera*, tr. it.,Piemme, Casale Monferrato (AL), 1991.

[2] K. Rahner, *Hans Urs von Balthasar*, in «Humanitas» 20 (1965), p. 885.

[3] A. Moda, *La ricezione dell'opera di Hans Urs von Balthasar in Italia*, in «Teologia» 14 (1989), p. 7.

[4] G. Colombo, *Una teologia seria,* in «Communio» 120 (1991), p. 12.

[5] La bibliografia di Hans Urs von Balthasar rielaborata e completata da Cornelia Capol si trova in un unico volume, *Hans Urs von Balthasar: Bibliographie 1925-1990*, a cura di C. Capol, Einsiedeln 1990.

[6] Tutta l'opera è apparsa in trad. it. per i tipi della Jaka Book: *Gloria. Una estetica teologica,* vol. I: *La percezione della forma* (1975); vol. II: *Stili Ecclesiastici* (1978); vol. III: *Stili Laicali* (1976); vol. IV: *Nello spazio della metafisica: L'antichità* (1977); vol. V: *Nello spazio della metafisica: L'epoca moderna* (1978); vol. VI: *Antico Patto* (1977); vol. VII: *Nuovo Patto* (1980),

teologica, composta attraverso la *Teo-estetica*, la *Teo-drammatica* e la *Teo-logica* per non parlare degli studi nel campo della storia della filosofia e della cultura, della letteratura e dell'arte, della patristica e della spiritualità. A ciò si deve aggiungere la bibliografia sul nostro che comprende più di centocinquanta titoli, così come il settore delle recensioni. Inoltre, come afferma G. Marchesi: «il compito poi diventa tremendamente arduo quando ci si pone sulla scia di uno studio 'sistematico' del suo pensiero, di analizzare il mosaico policromo della sua opera sotto un particolare angolo di lettura»[7]. Senza dimenticare, l'avvertimento stesso dell'autore apparso in un'intervista rilasciata nel 1976: «i miei libri non sono una teologia di scuola, e perciò non troppo atti per delle dissertazioni»[8].

Queste precisazioni poste all'inizio, prima ancora di introdurre il tema della nostra ricerca non intendono precluderlo, quanto invece orientarlo correttamente.

Alcune motivazioni mi hanno guidato in questa ricerca condotta, alcuni anni or sono, sotto la guida del professore L.F. Ladaria Ferrer S.I., ordinario di teologia dogmatica presso la Pontificia Università Gregoriana.

In primo luogo, il desiderio di entrare in dialogo confrontandomi con l'opera teologica di un grande autore del '900 in tal senso mi sembra importante riportare il giudizio che di Balthasar dava il suo maestro di studi patristici, il padre Henri de Lubac:

> «Un tale uomo forse *il più colto del suo tempo*. E se esiste mai da qualche parte una cultura cristiana, essa si trova in lui! L'antichità classica, le grandi letterature europee, la tradizione metafisica, la storia delle religioni, i molteplici tentativi dell'uomo di oggi che ricerca se stesso – e, soprattutto, la scienza sacra, con s. Tommaso, s. Bonaventura, la patristica (tutta intera), senza parlare per ora della Bibbia - non c'è niente di grande che non trovi in questo grande spirito accoglienza e vitalità. Egli chiama tutti, scrittori e poeti, filosofi e mistici, antichi e moderni, cristiani di tutte le confessioni, ad apportare la loro nota, perché tutte le voci gli sono necessarie a comporre, per una maggior gloria di Dio, la sinfonia cattolica»[9].

Teodrammatica, vol. I: *Introduzione al dramma* (= *TD* I) (1980); vol. II: *Le persone del dramma: L'uomo in Dio* (=*TD* II) (1982); vol. III: *Le Persone del dramma: L'uomo in Cristo* (= *TD* III) (1983); vol. IV: *L'azione* (= *TD* IV) (1986); vol. V: *L'ultimo* atto (= *TD*V) (1986). *Teologica,* vol. I*: La verità del mondo* (= *TL* I) (1989); vol.. II: *Verità di Dio* (= *TL* II) (1990); vol. III: *Lo Spirito della Verità* (= *TL* III) (1992).

[7] G. Marchesi, *La cristologia trinitaria di Hans Urs von Balthasar*, Queriniana, Brescia 1997, p. 17.

[8] H. U. von Balthasar, *Geist und Feuer. Ein Gespräch mit Hans Urs von Balthasar,* in «Herder Korrespondenz» 30 (1976), p. 73.

[9] H. de Lubac, *Paradosso e mistero della Chiesa*, tr. it., Jaka Book, Milano 1980, p. 137.

Quest'uomo come emerge dal ritratto scritto dal padre de Lubac, ha cercato lungo tutto l'itinerario della sua esistenza di porsi in ascolto, di accogliere da altri, di non ricusare di dirsi debitore delle ricerche altrui.

A questo proposito, come scrive G. Marchesi: «Balthasar è infatti un uomo che si è posto alla scuola dei Grandi, antichi e contemporanei, e ha saputo imparare molto da loro»[10].

Nel panorama della teologia cattolica del XX secolo von Balthasar occupa sicuramente un ruolo di preminente rilievo, poiché secondo il giudizio di G. Colombo:

> «Egli è di fatto l'unico teologo cattolico che abbia tentato da solo la formidabile impresa di una 'summa theologica' la quale per unità di concezione e grandiosità d'impianto può essere a buon diritto nella linea delle grandi sintesi che hanno segnato il passo della teologia occidentale»[11].

Un altro motivo ha orientato la mia scelta, esso riguarda il centro di questa teologia, «rigorosamente impegnata a mantenere quale proprio punto di partenza l'evento centrale dell'autocomunicazione di Dio nella figura singolarissima di Gesù Cristo»[12]. Il punto centrale della sua teologia è Gesù Cristo, «il Verbo eterno del Padre, che, come Verbo, ha preso forma corporea per testimoniare, manifestare ed essere, nella carne, la verità e la vita di Dio»[13]. L'unicità irripetibile del mistero di Cristo, è comprensibile solo a partire dalla benevolenza di Dio che sceglie di entrare in dialogo con l'uomo; nell'incarnazione del Verbo si rende visibile la presenza del Dio trinitario che va incontro all'uomo per liberarlo dal peccato e dalla morte e, introdurlo nella *communio* della vita divina:

> «A dispetto della sua superiorità su ogni creatura (anche sul cielo), vuole diventare così concreto all'uomo che, da un punto di questo mondo da lui scelto e da lui poi anche contrassegnato e impregnato, entra in relazione con l'uomo, così che la storia tra Dio e l'uomo diverrà essa pure sempre più concretamente una storia tra il cielo e la terra».[14]

---

[10] G. Marchesi, *La cristologia trinitaria di Hans Urs von Balthasar*, Queriniana, Brescia 1997, p. 21.

[11] G. Colombo, *Una teologia seria*, in «Communio» 120 (1991), p. 13.

[12] R. Vignolo, *Hans Urs von Balthasar: estetica e singolarità*, Istituto Propaganda Libraria, Milano 1982 cit. in A. Moda, *La ricezione teologica dell'opera di Hans Urs von Balthasar in Italia*, in «Teologia» 14 (1989), pp. 34-35.

[13] H. U. von Balthasar, *Verbum Caro. Saggi teologici* I, trad. it. Morcelliana, Brescia 1968, p. 17.

[14] *TD* II, p. 172.

Questa storia tra il cielo e la terra, come storia dell'autocomunicazione di Dio all'uomo, è propriamente ciò che si esprime con il termine grazia; come partecipazione libera che Dio fa di se stesso all'uomo.

Per questi motivi ho pensato di approfondire l'essere della grazia, donataci nel dono trinitario dello Spirito, come quintessenza dell'amore[15] tra Padre e Figlio; il frutto e il dono dell'amore reciproco del Padre e del Figlio che si offre nello Spirito alla libertà finita dell'uomo, mostrando in questo modo come Balthasar assume sul serio ciò che K. Rahner[16] chiama "grazia increata"; come presenza delle tre Persone divine nella vita del giusto; affermando il primato di Dio e il dono che egli fa di se stesso alla creatura, e a partire dalla Trinità sottolineare come la grazia è "il suo" che Dio mette a nostra disposizione, l'offerta di sé, Dio che si offre all'uomo. Balthasar non scrive un trattato sulla grazia, anzi come egli stesso afferma in *Teodrammatica* non vuole nemmeno trattare questo tema se non per accenni, «trattandosi della cosa più delicata e segreta, che dovrebbe essere protetta dai malintesi più che non sottoposta al microscopio della ragione mondana»[17].

Anche nella *Teologica* troviamo la stessa indicazione rivolta alla teologia, prima di affrontare il tema sullo Spirito come grazia increata e il suo agire all'interno dell'uomo, precisa che «la teologia dovrebbe guardarsi dal logicizzare questo mistero dello Spirito e alla fine dal materializzarlo con distinzioni senza fine, che non favoriscono la sua illuminazione»[18].

Dovendo circoscrivere gli ambiti di questa ricerca, consapevole di non poter analizzare l'intera produzione teologica balthasariana, ho cercato di affrontare il tema della grazia a partire dall'ultimo volume di *Teologica*: *Lo Spirito della verità*, mostrando come la teoresi pneumatologica ci introduce nello spazio[19] trinitario della grazia, spazio dell'illimitata comunione trinitaria dell'amore divino. Se l'approccio pneumatologico risulta come la prospettiva di fondo che Balthasar sceglie per formulare il discorso sulla grazia, il presupposto fondamentale rimane la comprensione della grazia all'interno del mistero della vita divina. In questo modo la teologia della grazia si trova inserita nel mistero della Trinità, infatti secondo quanto afferma G. Colombo:

---

[15] Cfr. *TL* III, p. 194.

[16] Cfr. K. Rahner, *Natura e grazia*, in *Saggi di antropologia soprannaturale*, tr. it., Edizioni Paoline, Roma 1969.

[17] H. U. von Balthasar, *Teodrammatica*, vol. II: *Le persone del dramma: l'uomo in Dio* (= *TD* II), tr. it., Jaka Book, Milano,1992, p. 293.

[18] H. U. von Balthasar, *Teologica*, vol. III: *Lo Spirito della verità* (= *TL* III), tr. it., Jaka Book, Milano 1992, p. 190.

[19] Cfr. *TL* III, pp. 20-21.

«solo artificiosamente si può riservare al discorso sulla "grazia" uno spazio e quindi un trattato proprio; in realtà il suo "luogo" si trova o sul versante della Trinità/ Spirito Santo, in quanto "principio" della "grazia", o sul versante dell'uomo – cioè dell'antropologia – , in quanto destinatario»[20].

La grazia come introduzione mediante lo Spirito nello spazio dell'amore trinitario, grazia che dischiude infiniti spazi di libertà nei quali diviene comprensibile l'autocomunicazione di Dio nel Verbo incarnato, di cui lo Spirito è nella *Teo-Logica* l'indispensabile introduttore. Ma tutte le fonti della grazia sgorgano da una notte, - così scrive Balthasar in *Cordula* - la notte dell'abbandono di Gesù sulla croce, questa notte «è la morte di Dio per amore del mondo, per l'umanità e per ciascun membro di essa, questa è la verità che costituisce la misura della fede»[21]. Da questo versante prenderemo in considerazione la prospettiva del tragico sotto la grazia con qualche riferimento alla *Teodrammatica*, Cristo è il pieno svolgimento del dramma, il dramma in assoluto, in questo punto centrale:

«dell' "apparire" teologico di Dio nella forma finita della sua rivelazione, nella morte e nell'abbandono di Dio di Gesù Cristo, dove nel centro della forma da leggere (come chiave per tutta la realtà) sta la "forma informe" della croce, a partire dalla quale colui che vede nella fede è in grado di decifrare la "sovraforma" dell'amore trinitario che qui si rende visibile»[22].

In modo particolare la nostra indagine sarà articolata in due parti: nella prima parte cercheremo di comporre i riferimenti sulla grazia presenti nel volume conclusivo della *Teologica* e in alcune parti della *Teodrammatica* (II;III;V), in questo modo avremo la possibilità di conoscere attraverso le varie formulazioni, l'orizzonte ermeneutico in cui il nostro autore colloca la riflessione sulla grazia.

Nella seconda parte ci soffermeremo sull'ultimo volume della *Teologica*, *Lo Spirito della verità* dove Balthasar affronta il rapporto tra lo Spirito come grazia increata e la sua azione nella vita del credente; da questo punto sarà possibile dedurre i prolegomeni per una nuova esposizione della grazia, che a partire dal mistero della Trinità sappia leggere l'evento di grazia riferendosi alla storia della salvezza, considerando la portata del testo di *Romani* 5,5 «l'amore di Dio è stato riversato nei nostri cuori per mezzo dello Spirito Santo che ci è stato dato». In questo modo al di là di tutte le classificazioni utilizzate per esprimere la presenza del dono gratuito che Dio fa alla creatura è necessario recuperare l'aspetto più importante dell'essere della grazia, come ciò che più propriamente caratterizza

---

[20] G. Colombo, *Sull'antropologia teologica*, in «Teologia» 20 (1995), p. 233.

[21] H. U. von Balthasar, *Cordula, ovverossia il caso serio*,tr. it., Queriniana, Brescia 1968, pp. 27-28.

[22] *TD* II, p. 34.

l'Essere di Dio, come amore che si dona, si presenta e si volge verso, per utilizzare un'espressione di Balthasar «si concede graziosamente»[23]. Egli continua dicendo che il bello non è rivolto dentro, in sé, ma rivolto fuori, verso tutti, per questa ragione abbiamo pensato di accogliere questi elementi definendo la grazia come il volto grazioso di Dio, il volto della gloria che in Cristo si riflette sul volto di ogni uomo.

Dedico questo lavoro al professore don Francesco Conigliaro, per avermi incoraggiato a pubblicare questa ricerca e per l'attenta lettura del testo.

[23] *TD* II, p. 31.

Parte prima

Le tracce della grazia

Riflessioni preliminari

In questa prima parte il proposito è di rintracciare i frammenti dove in maniera più o meno esplicita si fa riferimento alla grazia; da questi presupposti avremo modo di acquisire le categorie fondamentali per una riformulazione del *De Gratia*[24]. All'interno del contesto tematico particolare delle opere prese in considerazione costateremo le varie configurazioni che essa assume, i suoi rimandi, il nodo centrale attorno al quale converge e da cui si dipana, per collocarsi come afferma Ruggieri[25] nella 'forma' indissolubilmente unica, in particolare dentro una 'forma' concreta della vita cristiana. Cercheremo di cogliere le intromissioni in questioni di particolare importanza, specie nel campo della teologia trinitaria, della cristologia e della antropologia; in ogni caso interpretando, contestualizzando, rivisitando tutto ciò che è pertinente al nostro tema, trovando nella prospettiva propria del nostro autore, nelle coordinate di fondo del teologare balthasariano, la guida sicura per procedere nell'indagine :

> «lo Spirito Santo per amore della sua propria sistematica sovverte e confonde sempre di nuovo le artificiose costruzioni sistematiche umane. Per questa ragione è inevitabile che molte affermazioni rinviino a cose già pensate; infine la rivelazione economica del Dio trinitario è unica, ma per aspetti infinitamente ricca, così che ciò che è unico [...] si presenta come in un caleidoscopio in sempre nuove costellazioni formate dagli stessi elementi»[26].

---

[24] Per una storia del trattato si può leggere: L. Serenthà, *Antropologia dal punto di vista teologico*, in *Dizionario Teologico Interdisciplinare*, vol. III, Marietti, Torino 1977, pp. 523-525; G. Colzani, *Il trattato «De gratia». Presentazione storico-bibliografica*, in «Vivens Homo» 4 (1993), pp. 375-389.

[25] G. Ruggieri, *Per un discorso su Dio. Note in margine alla Teologia dei tre giorni di Hans Urs von Balthasar* , in H.U. von Balthasar, *Teologia dei tre giorni*, tr. it., Queriniana, Brescia 1990, p. 9.

[26] *TL* III, p. 205.

Capitolo primo
La logica dello Spirito

Con il terzo volume di *Teologica* dal titolo: *Lo Spirito della verità*, Balthasar porta a compimento, un anno prima dalla morte avvenuta a Basilea il 26 giugno 1988, il progetto della monumentale trilogia. L'opera dello Spirito viene introdotta da Gesù prima di concludere la missione ricevuta dal Padre, e si caratterizza come guida a favore dei discepoli nell'interpretazione della logica del mistero dell'amore del Padre rivelato nella morte in croce del Figlio. Secondo il vangelo di Giovanni sarà lo Spirito promesso da Gesù che guiderà i discepoli alla verità tutta intera (cfr *Gv* 16,13), una verità che non fa parte di un sistema filosofico di dottrine ma riguarda «l'unica verità dell'esposizione di Dio mediante il Figlio nell'inesauribile pienezza della concreta universalità»[27]. Questa missione dello Spirito non è altra rispetto a quella del Figlio ma sarà la testimonianza che questi renderà apertamente a favore del Figlio e *nel* Figlio; è una introduzione definita come «introduzione da intima partecipazione in intima partecipazione»[28]. La scena è già aperta grazie all'azione dello Spirito che "espirato" dall'ultimo respiro del Cristo morente sulla croce (cfr *Gv* 19,30), prepara la successiva "inspirazione" [29]. La sera del giorno di pasqua Gesù alitando sui discepoli (cfr *Gv* 20,22) li invia nel mondo con la forza dello Spirito, introducendoli nella comprensione del mistero dell'incarnazione.

Balthasar dirà a questo proposito che: «La destinazione universale dello Spirito è la spiegazione che introduce»[30], mutuando da Hegel[31] il motivo dell'approfondimento della rivelazione da parte dello Spirito della verità; infatti i discepoli prima della Pentecoste, pur avendo creduto in lui non pensavano che Gesù fosse l'infinita verità di Dio, che la sua storia fosse la storia infinita di Dio. In questo modo già nel preludio è annunciata, insieme all'opera dello Spirito, la grazia che nel Verbo incarnato ci è stata donata, una grazia che è «adeguazione alla

---

[27] *TL* III, p.62.
[28] *TL* III, p. 63.
[29] *TL* III, 20: «Tuttavia il destino umano di Gesù doveva essere portato al suo "compimento" (*Gv* 19,30), prima che lo Spirito potesse essere da lui espirato (ivi) e inspirato al mondo (*Gv* 20,22)».
[30] *TL* III, p. 19.
[31] *Ibid.*, p. 19. La citazione di Hegel suona così : «È dunque lo spirito che la intende in tal guisa: il che è rappresentato in modo immediatamente intuitivo nella festa della Pentecoste. Poiché prima di questo giorno gli Apostoli non conoscevano ancora questo infinito significato del Cristo: non sapevano ancora che questa è l'infinita storia di Dio: avevano creduto in lui, ma non ancora in lui come questa infinita verità». Cfr. G.G.F. Hegel, *Lezioni sulla storia della filosofia*, III,1, tr. it. La Nuova Italia, Firenze 1944, p. 106.

realtà di Cristo»[32]. Passando ad esaminare la teologia dello Spirito di Paolo, Balthasar fa notare come la presenza dello Spirito in noi è in un senso più radicale rispetto al Figlio poiché «senza il suo versamento nei nostri cuori, senza essere intrisi da lui (*1Cor* 12,13), non saremmo mai arrivati, né nella *comprensione* della divina verità, né nel poter *vivere* in questa verità»[33]. Ma l'amore di Dio è più importante di tutti i carismi e i doni di grazia che possiamo ricevere, poiché il suo amore è la sua presenza nella nostra vita.

Balthasar in poche pagine riesce a presentare i principali argomenti di questo dibattito fornendo le coordinate interpretative per la comprensione delle varie prospettive e proponendo la sua soluzione per risolvere alcune questioni aperte. Egli pone in risalto due problemi.

Il primo riguarda l'agire attivo dello Spirito che si protrae fin dall'incarnazione, un agire «troppo bene testimoniato perché possa essere limitato a un puro causare secondario di grazia accidentale».

A sostegno di questa tesi Balthasar chiama in causa il pensiero dei Padri cappadoci, Basilio e Gregorio di Nazianzo (Basilio fu vescovo di Cesarea di Cappadocia negli anni 370-379; Gregorio fu vescovo di Nazianzo negli anni 374-379 e di Costantinopoli negli anni 380-390), i quali sottolineano come allo Spirito è affidata l'esecuzione dell'opera di salvezza accanto al Logos. La conseguenza di questa azione secondo Balthasar ci porta a considerare la *τάξις*[34] (ordine) trinitaria che nella Trinità economica troviamo invertita, da qui la sua tesi sulla *inversione economica*, la quale - come egli sottolinea - «non cambia nulla nella *taxis* intradivina», ma serve a spiegare l'agire comune del Figlio e dello Spirito e come in riferimento alla *historia salutis*, il loro modo di agire assume un modo diverso «secondo i bisogni dell'*oikonomia*».

Il secondo si riferisce al dilemma di fronte al quale ci troviamo quando notiamo come da una parte lo Spirito è presente attivamente nell'incarnazione,

---

32 *TL* III, pp. 20-21.

33 *TL* III, p.72.

34 La riflessione teologica sul mistero del Dio uni-trino rivelato in Gesù Messia distingue una *τάξις* secondo l'origine e una *τάξις* secondo l'evento. Quest'ordine però non ha ripercussioni sull'uguaglianza nella divinità. L'ordine nell'enumerazione non significa diversità nella οὐσία (natura). La *τάξις* secondo l'origine testimoniata dalla Scrittura, trattata nel dibattito teologico e proposta dal magistero nei vari concili, si può cosi presentare: dal Padre, per mezzo del Figlio, nello Spirito santo. La *τάξις* secondo l'evento presente in modo particolare nei Padri della Chiesa d'Oriente, fa riferimento all'azione e al ruolo dello Spirito come "attuatore" e "attivatore". Lo Spirito compie il progetto del Padre nell'immanenza come amore reciproco che unisce il Padre e il Figlio e nell'economia come presenza misteriosa dall'incarnazione fino alla sua effusione e irruzione nella Chiesa a partire dell'evento di Pentecoste. La *τάξις* secondo l'evento viene descritta secondo il modello: dal Padre, per mezzo del Santo Spirito, nel Figlio.

dall'altra l'assunzione della natura umana propria da parte del Logos, «il quale non può lasciar avvenire questa incarnazione per un'altra divina Persona»[35]. Si ripresenta così una questione che ha impegnato le discussioni teologiche dei medievali, secondo cui, il Verbo assumerebbe prima l'umanità e poi verrebbero le grazie accidentali, che lo Spirito dona all'umanità assunta, in vista della missione da compiere.

A questo punto Balthasar propone la sua interpretazione affermando che «lo Spirito non possiede il santificare come unica possibile attività, ma può essere senz'altro anche Spirito creatore»[36], in questo senso lo Spirito come "Spirito del Padre è colui che opera" e come "Spirito del Figlio muove questi conforme alla sua disponibilità filiale".

Questo duplice aspetto dello Spirito mette in evidenza come "l'incarnazione è un'opera trinitaria" e "dimostra quale ultimo operante il Padre". In questo contesto appare chiaramente come la Trinità, il mistero di Cristo e la teologia della grazia risultano intimamente unite e collegate tra loro. Affrontando il tema della *divinizzazione e incorporazione*[37], secondo le due teologie, latina e greca, Balthasar ribadisce attraverso il riferimento ai Padri, come solo grazie all'incarnazione è possibile la divinizzazione dell'uomo. Poiché Cristo ha assunto una carne simile alla nostra (cfr *Rm* 8,3), è possibile mediante lo Spirito una fusione con Dio e con l'umanità, fusione che si verifica in modo particolare nel mistero eucaristico dove Cristo con la sua presenza ci rende partecipi della sua vita divina. Incarnazione e mistero eucaristico sono i presupposti della nostra divinizzazione e incorporazione, «in base all'incarnazione di Cristo e all'eucaristia veniamo incorporati a lui, nostro capo come membra»[38].

Nella quarta parte, dal titolo: *Il ruolo dello Spirito nell'opera della salvezza*, Balthasar descrive le caratteristiche della Persona dello Spirito come *dono*, *libertà* e *testimonianza*, tre espressioni che si compenetrano fra loro e si scoprono a partire dalla posizione intratrinitaria dello Spirito. L'interesse è quello di conoscere le proprietà dello Spirito senza mettere da parte il procedere dello Spirito nella Trinità immanente, anzi di spiegare proprio a partire dall'immanenza l'agire concreto che si manifesta nell'economia della salvezza. Dalla reciproca dedizione di amore da parte del Padre, che si dona liberamente e interamente al Figlio, e nel Figlio che ringraziando il Padre per il dono di essere amato da Lui e si offre in totale disponibilità eucaristica ha luogo il miracolo dello Spirito. In quanto espressione di

---

[35] *TL* III, p.150.
[36] *TL* III, p.150.
[37] *TL* III, pp. 153-156.
[38] *Ibid.*, p. 156.

un tale donarsi lo Spirito è «la sempre più profonda abissalità dell'amore rinunciante di Padre e Figlio»[39]; la novità che scaturisce dalla ricchezza di entrambi, ricchezza che presuppone la povertà della rinuncia, ma viene «accolta ed esperita come un unico regalo, «il frutto puro dell'amore», che non è «la somma e neppure soltanto l'identità che risulta del loro amore, ma è un inconcepibile più»[40].

In questa visione teologica dello Spirito come il *dono perfetto* e il *frutto puro*, «come l'abisso personale vissuto dell'amore intradivino»[41], von Balthasar pone l'accento sulla presenza dello Spirito nell'economia della salvezza: «Egli può, il Dio diventato assolutamente dono, essere anche dentro il mondo»[42]; affermando però come il *bonum* dello Spirito in quanto pura positività del bene non prende parte allo spogliamento del Padre e del Figlio: «Il frutto puro dell'amore (che rinuncia al suo essere proprio) non riposa come tale su una spogliazione, ma è la pura positività del bene»[43]. Altre volte parlando della *kenosi* economica di Padre e Figlio, egli sottolinea come l'amore dello Spirito non è *kenotico*[44].

In questo contesto è opportuno precisare la riflessione balthasariana sulla *kenosi* intratrinitaria[45]. Riferendosi ad alcune intuizioni di Bulgakov[46], egli sottolinea come a partire dalla radicalità dell'amore del Padre che condivide con il Figlio la sua divinità, possiamo parlare di una prima *kenosi* intradivina primordiale ("*Ur-kenose*"), sul presupposto della *kenosi* del Figlio che troviamo nella lettera di Paolo ai *Filippesi* (cfr 2,5ss.). Balthasar è consapevole che una simile speculazione si muove sulla lama del rasoio, dei rischi a cui va incontro, tuttavia egli non confonde questa *kenosi* intratrinitaria del Padre con la *kenosi* del Figlio, questa si fonda sulla reciproca *kenosi* intratrinitaria. La morte di Cristo sulla croce così come la l'offerta della sua vita per amore del mondo, trovano il presupposto e il

---

39 *TL* III, p. 187.
40 *TL* III, p. 186.
41 *TL* III, p. 187.
42 *Ibid.*, p. 187.
43 *Ibid.*, p. 187.
44 *TL* III, p. 242: «Ma in tal modo la morte economica del Figlio diventa chiara come la rivelazione mondana della *kenosi* intratrinitaria o del disinteresse dell'amore di Padre e Figlio, il quale amore, come già indicato, è la premessa per la processione dell'assoluto, non *kenotico* Spirito di amore di Dio».
45 Per ulteriori approfondimenti sul tema rimandiamo a: *TD* IV, pp. 301-309 e *TD* V, pp.70-78; pp.190-200; in quest'ultimo rimando notiamo come Balthasar prende le distanze dai *kenotici* tedeschi e dalle teologie del dolore e della morte di Dio.
46 *TD* IV, p. 301: «È possibile con Bulgakov definire l'autoespressione del Padre nella generazione del Figlio come la prima *kenose* intradivina che abbraccia da ogni lato le altre, dal momento che il Padre ivi si disappropria radicalmente della sua divinità e la transappropria al Figlio: egli non la divide con il Figlio, ma la partecipa al Figlio dandogli tutto il suo: "Tutto ciò che è tuo è mio" (*Gv* 17,10)».

fondamento nell'amore eterno intratrinitario. Da questa prospettiva è possibile comprendere come: «intradivinamente il *bonum* dello Spirito presuppone non solo la doppia autoconsegna (*exinanitio*) di Padre e Figlio, ma la include in sé»[47].

1. Il dono di grazia dello Spirito

Balthasar introduce l'opera dello Spirito come il *donum gratiae* sparso nel cuore dei credenti:

> «essendo egli la illimitata liquidazione del divino amore come dono, egli può non solo essere "sparso" come "grazia" nel cuore dei credenti (*Rm* 5,5), ma egli stesso ancora conliquidare l'apparentemente solida carne e sangue del Figlio in una eucaristia al Padre che include il mondo intero»[48].

La presenza dello Spirito nell'antico Patto accanto a quella del Logos espressa nei termini di una vicinanza talvolta confusa, poiché non sempre riusciamo a identificare in modo distinto le due missioni, data la loro comunanza ancora celata, egli è *lo sconosciuto al di là del Verbo*, come viene definito nel saggio *Spiritus Creator*[49]. In questa prospettiva tutto è in attesa della Parola affinché svuotandosi, scenda e abiti in mezzo al popolo; così è espresso nel grido di invocazione di Isaia: «Se tu squarciassi i cieli e scendessi!» (*Is* 64,1), e lo Spirito venga donato ad ogni uomo, nella effusione cosmica di Gioele (cfr *Gl* 3,1-5) oppure, come in Ezechiele: «Vi darò un cuore nuovo, metterò dentro di voi uno spirito nuovo, toglierò da voi il cuore di pietra e vi darò un cuore di carne» (*Ez* 36,26). Nell'Antico Patto tutto è racchiuso nella benevolenza di Dio che ha guidato prodigiosamente il popolo verso la libertà, e lo ha costituito come sua proprietà attraverso le dieci parole dell'alleanza sinaitica, ma «nonostante il suo definitivo sì al Patto, questo Dio geloso conosce anche un no definitivo» che si realizza ogni qual volta il popolo nell'infedeltà dimenticherà di riconoscere nel Patto il dono di grazia dell'amore incondizionato e libero di Dio. In questa pedagogia divina c'è un di più che agli occhi di Israele rende la manifestazione di questo amore come qualcosa di difficile e incomprensibile. Attraverso la grazia "perfettamente libera" manifestata nell'alleanza, Dio desidera dal popolo che si è scelto un nuovo modo di rapportarsi a lui, non più nell'esteriorità dell'osservanza della legge quanto

[47] *TL* III, p.192.
[48] *TL* III, p. 188.
[49] *SC*, pp. 91-100.

invece in un profondo legame, "cioè una risposta di amore che incita tutto l'uomo"[50] ciò avverrà per iniziativa divina, sarà Dio stesso a porre nell'intimo dell'uomo la sua legge a inciderla nel loro cuore (cfr *Ez* 36,26). Così mentre si prepara il nuovo Patto, sulle macerie dell'infedeltà e della disobbedienza, ma anche con l'umiliazione dell'esilio, il Dio ricco di misericordia si volge graziosamente in favore del suo popolo con una fedeltà che resiste a tutto e non viene meno alle sue promesse: «Il sentimento di Dio però si manifesta nel suo agire salvifico, mediante cui accompagna lungo la strada il suo popolo; anche la sua "gelosia", anche i suoi castighi non sono limiti alla sua grazia ma le sue necessarie forme espressive»[51]. In questo contesto von Balthasar descrive la grazia come: «la faccia di Dio rivolta verso l'uomo in modo non dovuto, è il suo favore e la sua regale indulgenza, all'interno del cui clima il partner dell'alleanza può vivere»[52]. Ma occorre attendere la divina Parola e il «miracolo dello Spirito»[53] perché il *donum doni* possa finalmente cominciare ad essere distribuito e in questo modo realizzare "la divinizzazione della creatura"[54], secondo l'espressione di Cirillo di Alessandria, a cui Balthasar rinvia; a partire da questo punto egli opera il passaggio fondamentale nella costituzione soggettiva-oggettiva del miracolo dello Spirito inteso d'ora in poi come grazia di Cristo, "grazia" in senso specifico:

> «Una grazia, che adesso deve essere chiamata indistintamente "Spirito del Padre" e "Spirito di Cristo" (*Rm* 8,9-11), uno Spirito il quale, come già menzionato, ha acquistato nel vivere e morire di Cristo l'esperienza dell'essere umano e che perciò "spinge" anche l'uomo in una maniera più intima che finora (*Mc* 1,12; *Rm* 8,14; *Gal* 5,18)»"[55].

2. L'agire dello Spirito nell'uomo

Interessante è la breve considerazione sul rapporto tra lo Spirito come grazia increata e la grazia creata come effetto dell'agire dello Spirito nell'uomo. Dopo un

---

[50] *Ibid.*, p. 188.
[51] TL III, p. 188.
[52] *Ibid.*, p. 188.
[53] Balthasar parlando della processione dello Spirito utilizza questa espressione per sottolineare che il dono dello Spirito non è la somma, né l'identità che risulta dall'amore reciproco del Padre e del Figlio, ma è un inconcepibile più, un'esuberanza, il miracolo della fecondità di Padre e Figlio. In TL III, p. 188 dirà: «Se appunto si parlava del tacersi della Parola dentro il Padre di fronte alla indicibilità del miracolo dello Spirito [...]». A questo proposito rimandiamo a TL III, pp. 186;188;189.
[54] TL III, p. 189.
[55] *Ibid.* , p. 189.

invito accorato rivolto alla teologia che dovrebbe fare molta attenzione prima di *logicizzare* questo mistero dello Spirito, introducendo distinzioni interminabili, figure che non trovano un riscontro nella Scrittura e perciò non illuminano la rivelazione, Balthasar attraverso alcuni passi biblici formula i presupposti ermeneutici per affrontare correttamente il tema della grazia. Il punto di partenza è la considerazione sull'uomo che in quanto creatura reca l'impronta di Dio, «le strutture dell'uomo come creatura presuppongono il mistero trinitario»[56], non si tratta in questo caso di un riferimento al tema dell'immagine e somiglianza con Dio, ma come già in altri contesti di un salto nel mistero della Trinità immanente a partire dalla relazione del Padre con il Figlio. È possibile riconoscere nella struttura umana l'opera della Trinità solo a partire dal fatto che «il Padre consegna al Figlio con tutta la divinità anche la sovrana libertà di questa»[57], e in questo modo può "dotare" la creatura "di autoessere e libertà". Questa dotazione afferma von Balthasar, seppur con la distinzione di questa grazia dalla grazia divina, a partire già da Tertulliano e Origene può essere chiamata grazia creaturale.

In un secondo passo che possiamo definire come il dialogo cristologico della grazia, Balthasar rileva che le due tradizioni occidentale e orientale hanno da sempre ancorato il tema della grazia all'incarnazione della "divina Parola"; in questo modo il dialogo della grazia rinvia al dialogo del Padre con il Verbo: «ma quando alla fine questo dialogo diventa cristologico, allora si rileva sopra la indistruttibile diastasi tra Dio e la creatura la conformazione dell'*imago* al modello»[58].

Per comprendere l'evento dialogico intratrinitario è necessario un riferimento al metodo dialogico che Balthasar segue in contrapposizione alla dialettica hegeliana. Secondo il nostro autore il soggetto si realizza e si compie a partire e nella autoalienazione, da questa premessa è possibile interpretare la *kenosi* primordiale del Padre e le altre *kenosi*.

Il von Balthasar nel secondo volume di Teologica scrive così:

> «Mentre la dialettica con il suo metodo cerca di fare di tutto il mondo una *imago Trinitatis* a partire dal basso, per avvicinarsi così a poco a poco e a grado all'archetipo, anzi per raggiungerlo – ma facendo dell' "altro" ogni volta la negazione dell'uno, per poi riassumere entrambi in una superiore sintesi – invece la dialogica [...] cercherà di determinarne le copie riflesse del mondo derivandole dalla positività degli Altri in Dio (il Figlio e lo Spirito) come dal loro archetipo» [59] .

[56] *TL* III, p. 190.
[57] *Ibid.*, p. 191.
[58] *TL* III, p. 190.
[59] *TL* II, pp. 32-33.

La domanda che von Balthasar si pone riguarda le conseguenze di questa azione da parte della grazia nella creatura come anche la modalità di accoglienza di questo dono. Egli ci rimanda all'antico principio che la grazia non distrugge la natura ma la eleva, «la grazia compie ciò che è posto nella natura, senza che la natura da se stessa possa tendere a questo compimento o anche solo presagirlo»[60]; essa ci sana dalle ferite inferte dal peccato originale e ci libera dal suo dominio:

> «In quanto la grazia, ora concepita come consegna del *donum* divino, già intratrinitariamente non distrugge il rapporto dialogico di Padre e Figlio, ma lo compie senza misura, non si può affatto dire che la consegna di questo *donum* alla creatura metta in questione il suo rapporto dialogico verso Dio»[61].

Infine l'accento è posto sull'aspetto dinamico della grazia, essa accompagna il cammino dell'uomo sino alla fine, non è mai in stato di riposo, ma altresì interpella la nostra risposta, poiché l'*opus operatum* dello Spirito – come dirà nel paragrafo dedicato ai sacramenti – , richiede la cooperazione del partner umano, una collaborazione che non può mai mancare. Il riferimento rimane l'incarnazione: «Modello a tanto rimane l'incarnazione del Logos, che è la più libera grazia, ma che non si compie senza la perfetta disponibilità di Maria»[62].

Il teologo svizzero continua la sua indagine storica sulla grazia facendo notare due aspetti dell'opera della grazia. Seguendo una intuizione di Agostino che afferma come: «la libertà di scelta umana soltanto mediante la libertà divina donata nello Spirito arriva alla sua più alta libertà»[63]; egli si sofferma sul carattere dinamico e attivo della grazia nella giustificazione e santificazione, non dimenticando l'altro, l'arrivo del dono divino nella creatura. In questo contesto viene introdotta tutta la riflessione sulla presenza della grazia nell'uomo, a partire dal confronto critico con Pietro Lombardo che non ha colto la divisione di datore e di dono, identificando l'atto di amore umano con lo Spirito Santo. Da ciò seguono i tentativi della prima Scolastica e le distinzioni successive di una grazia increata e di una grazia creata, fino ad arrivare al tentativo di K. Rahner di una "causalità quasi formale" per spiegare come :

---

[60] *TL* III, p. 352.
[61] *TL* III, p. 190.
[62] *TL* III, p. 269.
[63] *TL* III, p. 191.

«Dio non concede alla sua creatura solo una partecipazione 'di sé' creando e donando delle realtà create e finite per mezzo della sua onnipotente causalità efficiente, ma egli dona realmente e nel senso più stretto del termine, se stesso in una causalità *quasi formale*»[64].

Balthasar purtroppo non fa riferimento a questo testo del noto articolo di K. Rahner sull'assioma fondamentale circa la Trinità immanente, noi abbiamo ritenuto opportuno questo rinvio perché aiuta a chiarire meglio l'ambito teologico e il retroterra presupposto al nostro tema, anche se Balthasar fa notare come: «La non eliminabile difficoltà sta nel fatto che l'alterità Dio-creatura viene superformata dall'alterità Padre-Figlio nello Spirito e ivi nascosta, ma non distrutta»[65]. Attraverso due note[66] sintetiche egli passa in rassegna le varie posizioni, osservando come al di là di tutte le distinzioni e le controversie (come tra tomisti e molinisti), occorre non dimenticare la lezione di Nicolò di Cusa[67], che in questo contesto egli fa propria senza il rimando all'autore, essa riguarda la comprensione di Dio come "Tutt'Altro"[68]:

«In ultima analisi non è da dimenticare che Dio può sì porre davanti a sé la creatura come un altro, lui stesso però non diventa mai con questo un altro; egli rimane *Non Aliud*»[69].

L'orizzonte ampio entro il quale Balthasar ha posto il mistero della grazia torna nuovamente a riproporre, nella parte conclusiva di questa riflessione sulla Persona dello Spirito come dono, la «*kenosis* economica di Padre e Figlio» da cui al suo interno ha luogo il *bonum* dello Spirito.

In questo modo a partire dai rimandi patristici e alla scolastica è chiaro come egli voglia tentare di leggere insieme le due tradizioni: «questi due modi di vedere che accostano il mistero dell'inabitazione di Dio nella creatura da due parti, a volerle costringere in un sistema controllabile, diventano impossibili»[70], mostrando la complementarietà tra cristologia e pneumatologia. Balthasar a partire

---

[64] K. Rahner, *Il Dio trino come fondamento originario e trascendente della storia della salvezza*, in J. Feiner-M. Löhrer (edd.), *Mysterium Salutis*, vol. III, tr. it., Queriniana, Brescia 1969, p. 426.
[65] *TL* III, p.192.
[66] Cfr. *TL* III, pp. 191-193, note 17 e 18.
[67] Cfr. N. Cusano, *Il Non-Altro*, in *Opere filosofiche, teologiche e matematiche*, a cura di E. Peroli, Bompiani, Firenze-Milano 2017, pp. 1444-1583.
[68] Nel volume IV di *Gloria: Nello spazio della metafisica*, p. 956 dirà: «Dio è il Tutt'Altro soltanto in quanto è il *Non-Aliud*, il Non-Altro: come colui che si avvolge tutti gli esseri finiti nell'unico mantello del suo invisibile essere, di quel tanto che essi – come esseri, che Lui non sono, ma che devono la loro possibilità alla sua potenza e la loro potenzialità (di apprendere Lui come realtà e di ricoverarsi presso di Lui) alla sua inventiva libertà creatrice – sono in grado di partecipare in infinita distanza alla sua realtà».
[69] *Ibid.* , p. 192.

dalle affermazioni di Agostino e presenti nella Scrittura coglie un'altra caratteristica dell'agire dello Spirito: la libertà, un segno che non spetta esclusivamente allo Spirito ma appartiene all'agire di Dio, la creazione è frutto della libera iniziativa del Padre così come la redenzione è una libera azione del Figlio.

3. Lo spazio ecclesiale della grazia

Nella quinta sezione dal titolo: *Lo Spirito e la Chiesa*, il mandato missionario che Cristo affida agli undici secondo il vangelo di Matteo (*Mt* 28,19 s.) costituisce il punto di partenza per avviare la riflessione sul «duplice movimento della Chiesa»[71], da una parte l'annuncio universale di salvezza rivolto ormai non solamente alla casa d'Israele (cfr *Ez* 39,29) ma a tutte le nazioni, dall'altra il compito di salvaguardare il deposito della verità da ogni depauperamento, custodendola nella sua propria unità pleromatica da altri elementi esterni e talvolta identificati come *pneumata spermatika*. Dio non ha altro desiderio che quello della salvezza, l'unico motivo per cui egli ha mandato il proprio Figlio è il suo amore per il mondo (cfr *Gv* 3,16); «Il Signore innalzato avanza [...] per porre ai piedi del Padre il regno compiuto affinché Dio sia tutto in tutti (*1 Cor* 15,24)»[72].

Secondo la distinzione introdotta da Tommaso a cui von Balthasar rinvia, la missione che costituisce la natura profonda della Chiesa «può collegarsi sia alla legge naturale in tutti gli uomini, come alla «grazia in oltre data in essi»[73]; grazia che Tommaso chiama «*gratia Spiritus Sancti*»[74] e Balthasar definisce come *gratia fidei* poiché senza la fede come adesione fondamentale a Cristo non è possibile ricevere la grazia dello Spirito: «la decisione per la determinata persona singolare di Cristo postula un salto irrinunciabile [...] che si può compiere solo nella grazia di Cristo»[75]. Il riferimento a Tommaso già accennato, è costantemente presente per quanto riguarda la grazia della fede, Balthasar farà nuovamente ricorso a lui per descrivere come solo grazie alla fede è possibile ricevere il dono della grazia: «la grazia dello Spirito Santo viene data in base alla fede a Gesù Cristo»[76]. Sullo

[70] *TL* III, p.192.
[71] *TL* III, p. 210.
[72] *TL* III, p. 207.
[73] *TL* III, pp. 211-212.
[74] Tommaso d'Aquino, *Summa Theologhiae* I II, q. 106, a. 1: «nullus unquam habuit gratiam Spiritus Sancti nisi per fidem Christi explicitam vel implicitam».
[75] *TL* III, p. 213.
[76] *TL* III, p. 260.

sfondo possiamo leggere in modo implicito l'esperienza della fede in Ignazio di Loyola che il nostro autore in un altro contesto descrive come: « movimento dell'amore, che si dirige immediatamente verso la persona di Gesù, ascolta il suo appello alla sequela e vi risponde con il "lasciare ogni cosa e seguire"»[77]. Così pure il discernimento degli spiriti, un punto fondamentale nella spiritualità ignaziana, viene successivamente riportato in riferimento al rapporto Chiesa-mondo:

> «L'istituzione come tale è così poco satanica come un potere mondano amministrato in responsabilità cristiana; ma la tendenza del potere di sciogliersi su tutti i piani (personali e sociali) dalla parentesi del più grande amore e di rendersi autonomo chiama la perenne vigilanza della discrezione pneumatica degli spiriti»[78].

Il commento al testo di *Rm* 5,5: «La speranza poi non delude, perché l'amore di Dio è stato riversato nei nostri cuori per mezzo dello Spirito Santo che ci è stato dato» si inserisce a questo punto come conclusione a quanto è stato detto, la grazia che ci viene donata da Dio attraverso il dono dello Spirito è il suo amore, ma occorre nella preghiera implorare da Dio questo dono: «grazia che può essere assunta solo dalla *povertà nello Spirito* e solo da Dio può essere versata nei cuori come suo proprio amore nello Spirito»[79]. La sera del giorno di pasqua Gesù alitando sui discepoli li riveste della potenza del suo Spirito, consegna loro la parola della riconciliazione (cfr *Gv* 20,19-23), e li invia messaggeri della pace per manifestare al mondo l'opera della riconciliazione compiuta da Dio; ma essi possono esercitare il ministero della riconciliazione unicamente per lo Spirito poiché «quando sarà venuto, dimostrerà la colpa del mondo riguardo al peccato, alla giustizia e al giudizio» (*Gv* 16,8):

> «Perciò nella riconciliazione tra Dio e il mondo eseguita in *actu primo* dal corpo della croce di Gesù (*2Cor* 5,19) lo Spirito ha parte essenziale" questa azione di Dio che precede ogni decisione umana deve essere considerata come il preludio e il presupposto di ogni giustificazione oprata da singoli, un principio che è ad un tempo universale e (in senso stretto) ecclesiologico-sociale, e da cui ogni giustificazione personale cade in un contesto ogni volta co-umano»[80].

Nel contesto ecclesiologico del duplice movimento della Chiesa prosegue l'approfondimento sull'azione svolta dallo Spirito nella giustificazione dell'uomo peccatore. Si ripresentano i presupposti per inserire i temi forti della teologia

---

[77] H. U. von Balthasar, *Spiritus Creator*, vol. III, tr. it., Morcelliana, Brescia 1983[2], p. 78.
[78] *TL* III, p. 215.
[79] *Ibid.*, p. 215.
[80] *TL* III, p. 217.
[79] *TL* III, p. 290.

balthasariana ampiamente affrontati in *Teodrammatica* e su cui ritorneremo: la croce di Cristo come manifestazione gloriosa dell'amore di Dio, la dialettica peccato-grazia e il rapporto libertà infinita e finita. L'opera della giustificazione si compie nella morte in croce di Cristo, appartiene a Dio ed è accessibile solo alla fede, dopo questa premessa Balthasar ci invita ad assumere come orizzonte la formula tratta dal simbolo di fede, del concilio di Nicea (DH 125-126): «egli per noi uomini e per la nostra salvezza discese e si incarnò», ponendo in correlazione incarnazione e passione, il *pro nobis* della croce - come egli lo chiama - da cui scaturiscono tutte le grazie: «senza di cui la trascendenza della misericordia di Dio sopra la bontà e la severità, come anche il comando a prendere ogni giorno la propria croce, mai diverrebbero credibili»[81]; in questa prima azione – come egli dice – «è tolto via un peso di peccaminosità all'umanità». Una liberazione che non avviene sotto la percezione degli uomini ed è "accessibile soltanto nella fede", ma che consente all'uomo che ha abbandonato Dio di poter ritornare nuovamente a lui. Balthasar afferma ancora una volta che ciò è possibile non pelagianamente ma grazie all'intervento di Dio nell'atto di fede liberamente professato dal credente come risposta accogliente all'azione gratuita dell'amore del Padre:

> «così come la riconciliazione è avvenuta contro quanto nel mondo è inconciliabile con Dio [...] così ora l'offerta di amore di Dio al peccatore ad accordarsi alla sua riconciliazione con il mondo, forma un reale cambiamento del peccatore verso Dio»[82].

Nello Spirito donatole da Cristo morente sulla croce, la Chiesa deve poter far giungere a tutti il dono della grazia che ci libera, solo in questa dedizione *kenotica* del Figlio si è resa possibile la risposta piena che ha trasformato la nostra condizione umana nella figliolanza adottiva mediante lo Spirito poiché secondo Paolo: «lo Spirito stesso, insieme al nostro spirito, attesta che siamo figli di Dio» (*Rm* 8,16).

Dopo il confronto tra giustificazione e libertà Balthasar chiarisce il tema della santificazione a partire dai canoni del II sinodo di Orange (DH 375-376), «solo Dio è santo, nessuna creatura potrebbe o vorrebbe attribuire a se stessa una sostanziale santità»[83]. Lo Spirito santifica la nostra umanità e porta a compimento l'opera di santificazione nel contesto di ogni resistenza e incapacità dell'uomo di compiere il bene; così ci aiuta a progredire verso la meta. Purtroppo in questo cammino è facile rimanere indietro, spesso siamo manchevoli davanti a Dio, da

---

[82] *TL* III, pp. 217-218.

questa prospettiva Balthasar così come ha fatto il concilio di Trento descrive il movimento della grazia nell'uomo, in una logica dinamica che si differenzia in vari stadi o sfumature:

> «La storia della grazia come entrare della grazia in noi ha non solo stadi di approfondimento, ma anche – cosa su cui il concilio di Trento mette particolare valore - prestadi, sui quali la grazia offerta come "attuale" aiuta il peccatore a schiudersi a quella fede o a quel sì, dove lo Spirito (con l'irradiazione della sua «grazia santificante») intimamente santifica la libertà umana e la rigenera così a "figlio di Dio", "da Dio"»[84].

Ma egli non può accontentarsi di rimanere in una situazione di incertezza, dovuta all'impossibilità di una origine peccaminosa, c'è un principio che rappresenta la novità e la svolta rispetto al vicolo cieco segnato dall'incapacità dell'uomo di accogliere tutta la grazia, ciò che determina il passaggio dall'Antico al Nuovo Patto; si tratta del principio ecclesiologico-mariano: «In Maria la Chiesa è *immacolata* (cfr *Ef* 5,27), ed essa deve esserlo, non solo per amore dell'incarnazione, ma anche per amore dell'Incarnato nel suo *corpo* che è la Chiesa»[85]. La risposta di Maria all'annuncio dell'incarnazione, e prima ancora in ciò che Dio prepara in lei perché tutto sia rapportato alla grandezza del mistero che deve compiersi, diventa per «la forza dell'infinito Dio trinitario» la predisposizione totale all'azione della grazia dello Spirito, la disponibilità piena nel collaborare all'opera redentrice del Figlio di Dio. Se nulla è nell'uomo senza la grazia, niente avviene senza la nostra collaborazione, così «l'incarnazione del Logos è la più libera grazia, ma che non si compie senza la perfetta disponibilità di Maria»[86], il *fiat* di Maria sarà definito da Balthasar come il perfetto atto di fede, in lei tutti gli altri credenti in intima congiunzione possono nella Chiesa in un unico Spirito (cfr *Ef* 2,18) giungere alla piena maturità di Cristo. Nel resto dell'opera non troviamo altri riferimenti significativi riguardo al tema della grazia ma solo qualche accenno.

Nel paragrafo dedicato alla "biunità della Chiesa" a proposito ministero sacerdotale scrive: «Dalla essenzialità del ministero ricevuto (santità obiettiva) egli deve, per essere all'altezza, confessare l'amore a Cristo e ricevere la grazia dell'imitazione fino alla croce (la santità soggettiva) e puntarvi personalmente» [87].

Anche la riflessione teologica risulta possibile solo se è suscitata dallo Spirito e se è sostenuta e guidata da lui, poiché senza la grazia dello Spirito Santo

---

83 *TL* III, p. 219.
84 *TL* III, p. 220.
85 *Ibid.*, p. 220.
86 *TL* III, p. 269.
87 *TL* III, p. 252.

soggettivo l'uomo non può arrivare alla fede in Cristo e nel Dio trinitario e introdurre altri in questa fede:

«se l'uomo non può senza annuncio e senza giustificazione arrivare alla fede in Cristo e nel Dio trinitario, allora non può neppure per sé e per gli altri spiegare questa fede senza la fede. E certamente egli ha bisogno per tanto dell'interna illuminazione del suo Spirito, della grazia dello Spirito Santo soggettivo, ma ancora più originariamente di una luce oggettiva che cada da questo Spirito sul contenuto della fede, che gli illumini per primo questo contenuto nella sua unitarietà divina e adorabile profondità e lo getti in ginocchio davanti ad essa»[88].

Un ultimo problema emerge nel corso della trattazione dell'esperienza dello Spirito e riguarda la possibilità dell'uomo di sapere se in lui agisce la grazia. Si tratta di un tema già affrontato ampiamente dalla scolastica che Tommaso riassume e in riferimento al quale l'uomo può fare soltanto qualche congettura.

Balthasar prende le mosse a partire dalla riflessione sui doni dello Spirito per includere il *sapere* nell'esistenza di fede, introducendo i presupposti per una possibile interpretazione mistica :

«il "sapere" a noi donato mediante l'"unzione" con lo Spirito appare è vero come infallibile, tuttavia sempre appaiato alle condizioni molto concrete del cammino cristiano, per esempio di un attivo amore del prossimo, dell'osservanza dei comandamenti, anche del sapere che si è peccatori e si ha bisogno della remissione, del "rimanere" nella dottrina che si mantiene nonostante tutti gli attacchi, e tutto questo, come viene sottolineato, nella fede. L'essere istruiti dallo Spirito, l'accoglimento della sua testimonianza non esiste affatto senza l'esercizio del comando dell'amore nella vita complessiva del cristiano»[89].

Una esperienza che sarà contrassegnata dalla testimonianza che il discepolo renderà del maestro anche a costo del martirio.

---

[88] *TL* III, p. 285.
[89] *TL* III, pp. 302-303.

Capitolo secondo
Grazia, libertà, liberazione

Attraverso il ricorso all'ermeneutica pneumatologia von Balthasar ha esposto in ogni direzione l'espansione e l'inclusione nella verità di Cristo operata mediante lo Spirito negli aspetti soggettivi e nei presupposti oggettivi; è l'introduzione nello spazio trinitario dell'amore. Nel nuovo Patto «la terza divina Ipostasi partecipata ai credenti»[90] ci rivela le cose future in una libertà che si affida alla sua infinita esposizione ma tutto in conformità e unità indivisibile al Cristo trasfigurato, in questo modo «porrà in luce i "tesori nascosti" nella forma della carne già permeata dallo Spirito»[91]. La via che porta verso il dramma è quella dell'accostamento e del rapporto tra le due libertà, infinita e finita. Lo Spirito della libertà ci condurrà nel teatro drammatico dell'esistenza dove Dio ha deciso nel Figlio di andare incontro all'uomo fino alle estreme conseguenze entrando in scena nel gioco dell'esistenza; qui si scoprirà il paradosso della decisione dell'uomo che sa di non potersi realizzare se non in forza della libertà infinita che si presenta graziosamente come grazia, «ma che non può assolutamente pretendere»[92].

Siamo di fronte alla libertà divina:«Questa libertà infinità di Dio si può presentare solo, secondo definizione, libera (gratuita, graziosa) in ordine al compimento della prima»[93]. Da questa visuale tenteremo, introducendoci nello spazio della libertà infinita, di evidenziare la logica della grazia nella redenzione attraverso *l'autoapertura della libertà infinita* come dono indicibile, affidato alla responsabilità dell'uomo in tutta la sua serietà.

Piuttosto che soffermarci sull'agire della libertà infinita preferiamo prendere le mosse a partire dalla libertà finita, inserita "cristologicamente" nella teoresi pneumatologica del farsi dono nell'incontro della libertà infinita alla libertà finita. Nell'Antico Patto l'esperienza primordiale del popolo di Israele mostra come, a differenza di altri contesti religiosi, abbia riconosciuto la grazia come benedizione che viene dal cielo, dall'alto; una distinzione che permane fino all'incarnazione del Verbo. In Cristo la pienezza della benedizione nei cieli è discesa sulla terra, in questo modo è possibile attribuirle un carattere dal basso, ma ciò senza eliminare la premessa drammatica, la terra non riceve passivamente. Non è possibile correre il rischio di risolvere la dottrina della grazia in dottrina della predestinazione: «Grazia a superiore livello è donazione con implicito il dono della possibilità

---

[90] *TL* III, p. 3.
[91] *TL* III, p. 195.
[92] *TD* II, p. 172.
[93] H. U. von Balthasar, *La mia opera* ed *Epilogo*, tr. it., Jaka Book, Milano 1994, p. 133.

dell'accettazione»[94]. Balthasar non può fare a meno di salvaguardare da ogni interpretazione estetica l'agire della grazia accentuando la tensione peraltro non solvibile della risposta. Dopo un percorso sul concetto di libertà nella storia del pensiero egli arriva alla conclusione che: «la libertà finita è possibile soltanto come derivazione dalla libertà infinita ed è possibile che essa anche si compia, come finita, soltanto nell'infinita»[95].

Le fonti di questo approdo balthasariano sono essenzialmente Agostino e Gregorio di Nissa, ma a partire da essi von Balthasar può dire in dialogo critico con la modernità che l'accecamento positivistico non ci consente di riconoscere la meraviglia dell'essere. In questo modo l'operazione risulta chiara: interpretare con categorie ontiche e personalistiche la libertà come dono: «l'eterna libertà è ciò che eternamente si dona»[96]. Ma non basta fermarsi a questa constatazione occorre riconoscere l'essenza infinita, il mistero dell'essere di Dio, un essere che il teologo svizzero definisce come meraviglia e autodedizione infinita:

> «Mai Dio è per se stesso ciò che si ritrova semplicemente nell'essere nel senso positivistico del termine, ma è invece sempre la più «inverosimile» meraviglia, questa: che l'autodedizione infinita della sorgente paterna davvero generi un Figlio identicamente eterno, e che l'incontro ed accordo di entrambi faccia davvero fiorire l'unico Spirito, l'ipostasi assoluta semplicemente del dono»[97].

A questo punto Balthasar introduce – così la definirei – una parentesi mistica che riguarda l'accettazione e l'accoglienza della grazia da parte dell'uomo, gli autori citati vanno in questa direzione: Bèrulle, Fénelon, Laberthonnière, Marcel, ma al termine sarà egli stesso a descrivere la gratitudine dell'uomo per il dono ricevuto.

Nel paragrafo sulla richiesta della grazia nella preghiera dirà:

> «Solo entro lo spazio della libertà infinita la libertà finita può adempiersi. Se questo spazio è libero, è già detto con ciò stesso che la libertà finita non ha nessun diritto ad esso – che esso è già grazia quando si apre- e che le strade in questo spazio non sono leggi fisse ma un libero accompagnamento, che è un'altra volta grazia»[98].

---

[94] *TD* II, pp. 177-178.
[95] *TD* II, p. 268.
[96] *TD* II, p. 270.
[97] *Ibid.*, p. 270.
[98] *TD* II, p. 275.

Procedendo in questa direzione approdiamo alla grazia definita come la logica di Dio, ma contrassegnata dal carattere apofatico e per questo restia alle formalizzazioni logiche di ogni sistematica teologica:

> «La logica della grazia, che opera via via dall'archetipo del Figlio attraverso tutta la *oikonomia*, non è, è vero, esprimibile in proposizioni umane, ma essendo la logica del Dio rivelantesi, e più stringente di qualsiasi necessità intramondana. Intorno all'inderivabile liberissimo factum dell'incarnazione-croce-resurrezione del Figlio si ordinano concentricamente, secondo le leggi teo-logiche, tutti gli eventi della storia della salvezza e del mondo, e quindi della natura, perché tutto in ultima analisi esiste per questo centro»[99].

Il tema della grazia, introdotto con questa premessa, è svolto solo per accenni perché necessario nell'attuazione e nella relazione tra le due libertà. In questo modo la grazia è il nesso tra le due libertà; il nesso che permette alla libertà finita di comprendersi come dono ricevuto e di esercitarsi autonomamente nella responsabilità all'interno dello spazio della libertà infinita dal momento che la libertà finita «ha un essere in se e non può essere definita come pura relazione»[100]. La libertà finita è posta di fronte ad una alternativa rifiutare questa provenienza, negare l'esistenza di una libertà infinita oppure sopportarla. A questa alternativa Balthasar fa seguire due precisazioni.

La prima, dal punto di vista della libertà infinita, non dice nel dono definitività, così che essa può ormai dedicarsi ad altro, ma che oltre a dare se stessa nel dono, «offre in esso se stesso»[101]. In fondo la logica della grazia è racchiusa in modo conciso in questa espressione. Nell'incarnazione il dono della grazia assume la forma concreta e assoluta, Balthasar non indugia in una definizione cristica della grazia ma si interroga sul piano della Trinità immanente: «in che relazione sta il processo intratrinitario con questa offerta di sé e della grazia alla creatura?»[102].

La risposta si articola al livello di un confronto posto a partire dalla possibilità della creatura di lasciarsi generare insieme con il Figlio dal Padre, «a una simile creatura sarebbe allora del tutto appropriato (per transazione) anche il carattere pieno di dono in Dio, lo Spirito Santo»[103]. Per comprendere questa provocazione balthasariana occorre rimandare a quanto egli ha detto in precedenza parlando dell'assenso della libertà finita:

---

[99] *TD* II, p. 265.
[100] *TD* II, p. 293.
[101] *TD* II, p. 294.
[102] *TD* II, p. 296.
[103] *Ibid.*, p. 296.

«Solo con il messaggio di Gesù e con la sua meditazione postpasquale nella luce dello Spirito Santo il grembo della divina-paterna libertà si apre in modo così vasto e profondo da poter cominciare a intuire che cosa sia possibile intendere per adempimento della libertà finita nell'infinita»[104].

La seconda si inserisce a partire dalle inadempienze della libertà finita. Da questa prospettiva si possono comprendere le tipologie della grazia, articolate come accompagnamento e sostegno all'incapacità della libertà finita di «lasciarsi penetrare completamente dallo Spirito». Malgrado tutto l'uomo ha parte alla nascita con Dio, cioè alla grazia santificante, e sebbene rifiutandosi non può essere congenerato dal Padre, tuttavia possiede l'offerta dell'amore di Dio da sempre presente in lui, grazia attuale e preveniente. Inoltre la grazia ora identificata da Balthasar con la libertà infinita non si allontana mai dalla finita, la compenetra ma in modo da consentire a questa di esprimersi pro o contro l'infinita grazia di Dio.

Nel pieno svolgimento del dramma i toni si acuiscono sempre più per mostrare il pathos di Dio nel suo agire per la salvezza dell'uomo, qui troviamo «il nodo più intimo del gioco d'insieme tra Dio e l'uomo, il centro della teodrammatica»[105]. Una soteriologia drammatica che deve portare a termine il compito di mettere in luce tutta la gloria che Dio manifesta non dall'alto ma dal luogo della discesa nell'incarnazione del Figlio eterno fino al baratro nel mistero dell'iniquità del peccato.

L'evento unico e irrepetibile della morte in croce della Parola ammutolita rivela il vero giudizio di Dio sul male e sul peccato, ma anche l'agire comune delle Persone divine nell'economia della salvezza: «In questa adirata alienazione reciproca Padre e Figlio sono nella loro opera comune di amore economicamente più vicini che mai al mondo»[106]. In questo modo è stata ingaggiata una lotta contro le potenze del male, così che la rivelazione è diventata un campo di battaglia dove la menzogna del peccato è stata messa a nudo e annientata dall'agnello immolato. Ma la potenza del male sconfitta si ripercuote sull'uomo con forza sempre maggiore: «Il male ha in sé un risucchio verso un male sempre maggiore»[107].

Da questa prospettiva, dove tutto si trasforma in tensione drammatica, Balthasar affronta i temi difficili del cristianesimo: il peccato, il male, il dolore, l'ira di Dio, il giudizio, la libertà, temi che mirano a un approfondimento non teorico ma esistenziale circa le varie ferite inferte all'esistenza, mostrando come non si tratta di pure negatività, ma di positività guaste «distrutte nelle loro punte

---

[104] *TD* II, p. 219.
[105] *TD* IV, p. 221.
[106] *TD* IV, p. 325.
[107] *TD* IV, p. 154.

significative massime»[108] e per questa ragione acuiscono ancora di più la tensione rendendo drammatica la vicenda umana.

Affrontando il tema del peccato originale, Balthasar dirà che le conseguenze non riguardano i peccati personali della famiglia umana che scaturiscono da questa disobbedienza lacerante nei confronti di Dio da parte di un singolo uomo, ma una diminuzione della grazia che influisce sulla struttura della sua natura. Un deficit di grazia che non riguarda l'inizio della storia umana: «La prima comunione tra Dio e l'uomo è già pensata alla maniera del Patto: la grazia del paradiso terrestre viene legata a condizioni contrattuali»[109]. La solidarietà di Dio nei confronti del primo Adamo è assicurata sin dal primo istante dopo la caduta come solidarietà nella grazia liberamente garantita, ma a partire dall'evento Cristo l'uomo che dal peccato originale si trovava «nel *vacuum* della mancanza di grazia ora viene inserito entro il campo-guida della grazia»[110].

Al di la di tutte le interpretazioni possibili sul peccato delle origini Balthasar sottolinea come conseguenza non solo una «inadeguatezza della natura rispetto alla grazia» ma anche «un imprevedibile disordine nella natura» che si traduce in una incapacità a realizzarsi nella vocazione soprannaturale. In questa struttura eminentemente drammatica dell'uomo rispetto allo scopo della sua esistenza, il vecchio Adamo mantiene sempre l'impulso a chiudersi all'interno della sua finitezza mortale e ad accontentarsi di questa come del suo fine naturale:

> «per il fatto che in lui la spinta naturale verso Dio (*desiderium naturale*) resta indebolita a causa di una volontà negativa e passionale di esistere per se stesso; si trova quindi fin dal principio distolto dal principio salvifico e solo con l'aiuto della grazia può convincersi ad accettare il necessario autosuperamento»[111].

La grazia che a partire dall'evento Cristo ha assunto una forma agonale interpella il cristiano e gli chiede di saper perdere la propria vita per Cristo, dal momento che sulla croce il volto della grazia si è reso visibile in tutta la serietà concreta come grazia dell'amore, che porta nelle stigmate della passione il peccato del mondo. In questa situazione di provenienza da Dio ma anche di lontananza e di avversione, paradossalmente diventa difficile e impegnativo per l'umanità riuscire a decifrare nella parola della croce, scandalo e follia (cfr *1Cor* 1,18-25), l'espressione della grazia di Dio a favore di ogni uomo.

---

108 *TD* IV, p. 74.
109 *TD* IV, p. 171.
110 L. SCHEFFCZYK, *Wirchlichkeit und Geeheimnis der Sünde*, in *TD* IV, p. 173 nota 29.
111 *TD* IV, p. 175.

Il tema della grazia torna ad essere ripreso nel paragrafo sulla libertà liberata dove il contesto rinvia ancora una volta alla passione di Cristo come liberazione dell'uomo dal potere del male, una liberazione già conseguita, ma che attende di raggiungere la piena definitività. Balthasar prende come riferimenti Gregorio di Nissa che pone a confronto con Plotino, e Agostino nella disputa con Pelagio. Non mi soffermo sulle valutazioni e interpretazioni di fondo ma sul contributo che emerge da questa riflessione.

Possiamo distinguere tre passaggi: il primo riguarda il significato della grazia a partire dalla dialettica libertà infinita/finita, il secondo inerisce il 'come' della inabitazione e il terzo riguarda il motivo delle distinzioni della grazia.

In ordine al primo aspetto Balthasar riporta il pensiero di Gregorio di Nissa il quale sottolinea l'apertura della libertà assoluta alla finita, e la riflessione agostiniana centrata sul desiderio dell'anima come nostalgia e preghiera ma anche di un venire incontro da parte libertà infinita; e conclude affermando che: «il desiderio della creatura verso il Dio che liberamente le si rivela è tanto poco una esigenza su di lui che una esigenza ha semmai valore solo come risposta a questa decisione di Dio»[112].

Il secondo riguarda la questione sulla trascendenza e immanenza della grazia, che viene introdotta a partire dal 'come' debba essere pensato questo rapporto. Il nostro autore non ha difficoltà a ricondurre la spiegazione sul versante apofatico di questo mistero ma è disposto altresì a chiarire il significato profondo di questa intimità. Essa si fonda sulla libera decisione di Dio a comunicarsi e a farsi dono alla creatura conducendola «nei suoi spazi infiniti di libertà», per esprimere questo rapporto di comunione non possiamo scegliere la strada di un personalismo finito, come se Dio fosse semplicemente «l'Altro» da me, quanto invece quella dell'ontologia, ma neanche una causalità filosofica risulta priva di rischi, quando «sul piano della creazione deve esprimere l'essenziale immanenza di Dio nella creatura o della creatura in Dio»[113]. Si tratta di una intimità che non è possibile definire facendo ricorso all'analogia:

> «Ma proprio questa intimità senza analogia della creatura con Dio, della creatura s'intende investita dalla grazia, pur in tutta l'infinita distanza tra l'*ens a se* e l'*ens ab alio*: proprio questa intimità rappresenta il fondamento dell'incomparabile che è nella drammatica sia esclusiva che inclusiva. A causa di questo rapporto senza analogia riesce molto difficile distinguere, a partire dal Dio che si dona, forme varie della sua grazia quanto agli atti e ai

---

[112] *TD* IV, p. 346.
[113] *TD* IV, p. 347.

comportamenti. Forme simili ricevono in fondo senso unicamente a partire dalla finitezza della creatura e, ancor più, dalla sua peccaminosa opposizione alle *avances* d'amore di Dio»[114].

Il terzo aspetto inerisce la difficoltà che permane quando passiamo a distinguere le diverse forme della grazia considerando che il cambiamento riguarda solo la creatura poiché essa "altera la sua vicinanza o lontananza" nei confronti Dio il quale è immutabile nella sua essenza. Balthasar si chiede, data la diversità tra natura e grazia e la nostra dipendenza da essa e dal momento che quanto riceviamo di buono viene da Dio, se abbia ancora uno scopo inserirsi in una discussione che ha impegnato il corso dei secoli circa il monismo e il dualismo della grazia. Il confronto storico prende le mosse a partire dal dibattito sulla controversia pelagiana che accogliendo l'interpretazione storiografica tende a riabilitare Pelagio sulla base delle posizioni estreme dei suoi seguaci più radicali. Piuttosto che fare una sintesi delle sue considerazioni, ho ritenuto opportuno riportare le conclusioni che emergono al termine di un lungo confronto tra le due posizioni su cui il nostro autore si sofferma.

La storia della teologia ci informa che natura e grazia sono state distinte sin dall'inizio prima ancora della formulazione sistematica di Agostino. La dottrina della divinizzazione su cui hanno insistito i padri greci si rende possibile con l'intervento di una grazia distinta dalla creatura. La crescita nella somiglianza con Dio, fondata sul presupposto della libertà donata, «non è pensabile senza intima partecipazione all'essenza, cioè alla vitalità intratrinitaria della vita d'amore di Dio»[115].

Questa realtà a cui è chiamata la creatura per volere di Dio rimane un mistero «perché la creatura, benché colta in tal modo nella sua più intima essenza, non ha nessuna possibilità (neppure speculativa) di modificare questa offerta in una dimensione costitutiva della sua finitezza»[116]. Contro le tendenze gnostiche fino al tentativo di Gioacchino da Fiore di voler risolvere la distanza Dio-creatura in una inclusione trinitaria vale la definizione del concilio Lateranense IV (DH 806) a cui Balthasar fa riferimento affermando come all'interno di ogni somiglianza possibile tra il Creatore e la creatura va sempre sottolineata una dissomiglianza maggiore.

Questa formula dell'analogia trova il suo fondamento nella formula del concilio di Calcedonia: *immista e indivisa* (DH 302). In questo modo la cristologia diventa il presupposto per la dottrina della divinizzazione. Accanto all'intuizione dei padri greci di riferirsi all'incarnazione come al centro dove si attua la

[114] *Ibid.*, p. 347.
[115] *TD* IV, p. 353.
[116] *Ibid.*, p. 353.

conformazione a Cristo Balthasar aggiunge la *kenosi* seconda del Figlio, qualcosa a cui i padri non avevano pensato. La diastasi esistente tra Dio e la creatura a causa del peccato a partire dall'incarnazione viene vissuta da Cristo dal momento che egli è diventato peccato in nostro favore. Partecipazione alla vita divina e liberazione dalla schiavitù del peccato si trovano affiancati nell'unica azione di salvezza compiuta da Cristo. Il cammino di conversione che la creatura deve intraprendere per accogliere il dono della divinizzazione è anticipato e preparato da Dio stesso nella missione del Figlio:

«Rinviata a tal punto che la sua *ascesa a Dio* è stata già portata in alto mediante il Dio che discende per grazia (*dedit dona*) nella tutt'altra *prigionia* liberatrice della libertà eterna. L'uomo può trovare la sua "identità esemplare" unicamente nella libertà di Dio; e il suo rapporto a questa libertà è così poco un'autoalienazione che essa diventa invece il solo possibile accesso a ritrovare se stessa»[117].

Questa azione di Dio nei confronti della creatura descritta nei termini di una crescente compenetrazione reciproca non induce a ritenere che si tratta di una forma di fusione. *L'analogia entis* oltre a non ridurre la distanza tra Dio e l'uomo apre la possibilità per una autonomia della libertà finita che aumenta con il processo di divinizzazione, ma ciò non riduce la tensione drammatica della libertà finita, anzi pone la creatura in un rischio sempre più grande di rifiuto nei confronti della grazia e di allontanamento da Dio. La libertà finita costituita da Dio nel suo autopossesso e nella capacità di determinarsi non ha in sé il suo fondamento e neppure la sua attuazione, così che essa nel tentativo di realizzarsi si trova sempre in una tensione verso un qualcos'altro, con il rischio di smarrirsi.

Essa dovrebbe comprendere nella sua coscienza di non appartenersi quanto invece di appartenere, riconoscere che la verità di conoscere se stessa in profondità è donata da Dio nella sua autocomunicazione, di scoprirsi aperta verso l'origine da cui proviene e a cui tende.

[117] *TD* IV, p. 355.

Capitolo terzo
Il trono della grazia

L'ultimo atto del dramma si svolge nello spazio trinitario della vita divina resa visibile nella manifestazione di Gesù Cristo, il quale ha aperto la via alla conoscenza del mistero nascosto da secoli, e ora svelato nell'amore della sua dedizione al Padre e nell'offerta per noi con la morte in croce. La *Teodrammatica* non ha fatto altro che mostrare «la supermobilità della eterna Trinità nel mondo e nell'ordine della salvezza»[118], sulla base di questo presupposto è possibile concepire il mistero della nostra partecipazione alla vita divina non come una tensione sovrannaturale ma cercando l'archetipo dell'*imago Dei* all'interno della processioni e relazioni divine.

Il mistero trinitario costituisce lo spazio reale della grazia non solo come dono di Dio partecipato alla creatura ma in quanto dono intratrinitario, e cioè atto eterno in cui il Padre nell'offrirsi al Figlio gli dona non una parte ma tutto se stesso. In questo senso von Balthasar parla di scambio di grazie[119] intese come comunione dell'amore e realizzantesi nell'unico amore generante lo Spirito Santo come Persona-dono. Balthasar entrando in dialogo con le acquisizioni della Scolastica[120] mostra come il mistero dell'essere non è chiuso in sé bensì è un mistero che si esprime e si rivela; ma anche come questa autoespressione dell'essere non è un evento naturale necessario, ma riguarda la libera *donabilitas* di Dio. Il fondamento della donazione di Dio è l'amore, non come un principio astratto ma l'amore secondo il quale tutto viene donato. All'interno della Trinità c'è una Persona che procede secondo l'amore ed essa è lo Spirito. Le conseguenze di questo approdo a cui Balthasar giunge sono esplicitate nuovamente con il ricorso a Tommaso:

> «la processione dell'amore può essere considerata in due maniere: in quanto mira a un eternamente Amato, e allora è una processione eterna, oppure in quanto è amore per una cosa creata [...], e così essa viene definita processione creata, nel senso che da una nuova operazione nasce un nuovo rapporto della creatura a Dio»[121] .

---

[118] *TD* V, p. 62.

[119] *TD* V, p. 65:«il Figlio e lo Spirito si riconoscono grati al Padre» e in *TD* V, p. 75 con una espressione della von Speyr dirà: «Giacché già nell'atto generativo del Padre c'è una gratitudine al Figlio, perché questi vuol lasciarsi generare, come nel lasciarsi generare del Figlio c'è una gratitudine per il Padre, perché questi lo vuole generare».

[120] *TD* V, p. 55.

[121] Tommaso d'Acquino, *I Sent.* , d. 10, q. 1, a. 1 sol., cit. in *TD* V, p. 55.

A partire dalla nostra disponibilità ad accogliere le due missioni del Figlio e dello Spirito riceviamo una intima somiglianza con le qualità particolari delle Persone, perciò è legittimo dire che le divine Persone sono in noi una nuova forma d'essere. Si esprime in questo modo la profonda originalità del mistero della Trinità che non è possibile conciliare con il monoteismo ebraico né con l'Uno di Plotino. A partire dalla rivelazione di Dio in Cristo sappiamo che non è possibile mantenere l'ideale della pura unità senza l'alterità, poiché «l'essere-sempre-più-grande dell'essenza di Dio sussiste nel suo amore fecondo»[122]. La gratuità del donare appartiene alla persona del Padre, al suo essere «perché Dio è amore» (*1Gv* 4,8) in se stesso e verso di noi; così il Padre in quanto "amore sostanziale in sé", nella sua volontà e intelligenza comunica tutto il suo essere, «esprime e dà via tutta la sua divinità»[123] nella generazione del Figlio e insieme al Figlio nella processione dello Spirito come il frutto e il dono del loro amore. Balthasar sottolinea come il Padre in quanto fonte e origine della vita intradivina è il principio della Trinità, per questa ragione nel loro riceversi *ab aeterno* dal Padre, «il Figlio e lo Spirito si riconoscono grati così anche l'essere donato agli esseri finiti ha una fluidità e mobilità trasformistica»[124]. Inserita in questo mistero di reciproco donarsi delle Persone divine, la logica creaturale è fondata e sigillata trinitariamente: «deve la sua essenziale determinazione in prima linea al Logos, la sua partecipazione all'essere in-finito al Padre (a cui la creazione viene attribuita) e la sua destinazione al dono dello Spirito, che incarna in Dio la liberalità dell'amore»[125]. Là dove Dio si mostra nel suo mistero di amore, la grazia diventa non solo il dono ma anche l'accoglienza di esso; gratitudine, disponibilità, dedizione, dare, ricevere, sorpresa, miracolo, sono i termini che Balthasar utilizza a questo proposito e che fanno parte di questo lessico della grazia. Ma tuttavia non è possibile alla creatura rispondere nella totale e perfetta gratitudine del Figlio poiché essa nel darsi non possiede la capacità di disporre di se stessa, solo Dio può dare veramente se stesso poiché in lui necessità e libertà coincidono e identità e alterità sono una cosa sola. Questa distanza da Dio, della terra dal cielo, può essere superata per un intervento straordinario compiuto da Dio stesso, per un miracolo:

> «Il miracolo, che trasforma la (relativa) lontananza (perfino dell'esistenza peccaminosa) in "vicinanza a Dio" e "dona alla vita terrena una pienezza ultraterrena" è "una vita che passa da Dio all'uomo": "la Grazia". La creaturalità con la sua alterità da Dio non significa mai per se

---

[122] *TD* V, p. 71.
[123] *TD* IV, p. 302.
[124] *TD* V, p. 65.
[125] *TD* V, p. 66.

stessa una condizione per cui si sia es-posti da parte del creatore; solo il peccato negherà il vincolo di amore tra il creatore e la creatura e si coglierà come alienazione»[126] .

Solo con il dono di grazia dell'essere divino è possibile per l'essere finito superare un ponte invalicabile, anche il confine temporale in forza della grazia può essere oltrepassato in mezzo al tempo e poiché il tempo indica il divenire e il cambiamento delle cose «soltanto la grazia può trasferire qualcosa dell'essere di Dio nel nostro divenire». Il movimento della grazia dal cielo verso la terra viene stabilito nell'alternanza distanza e vicinanza mediante il gioco tra la natura che trascende se stessa e la grazia che sola la può compiere:

> «questo gioco tra la natura che trascende se stessa e la grazia che sola la può compiere è ancora una volta una *imago trinitatis* dell'eterno essere trinitario, trasferita nell'essere che diviene: si ricorda quanto detto sull'attesa e l'adempimento (oltre ogni misura), ma in particolare – essendo la creatura creata primariamente nel Logos – sull'essere-sempre-più-grande del Padre (in quanto origine) rispetto al Figlio che deve se stesso al Padre, mentre egli perviene a un tempo (mediante la comunicazione del potere di espirazione) fino al potere (di espirazione) del Padre»[127].

Nella storia della salvezza troviamo un esempio dove la reciprocità di natura e grazia appare in tutta la sua straordinarietà, si tratta del primato ontologico della grazia in Maria nel momento della sua assunzione al cielo. In questo caso Balthasar afferma che la distanza tra il cielo e la terra viene come superata e diluita. L'accoglienza del Figlio da parte di Maria iniziato nell'incarnazione si compie pienamente nell'assunzione e diventa il culmine dal basso verso l'alto della sua piena accoglienza:

> «si può illustrare questa reciprocità di natura e grazia, dove la grazia conserva un primato ontologico, con riferimento in ultima analisi al prodotto supremo della natura, a Maria, nell'istante della sua massima realizzazione, la sua assunzione in cielo».[128]

Questa *circumsessio* dall'alto verso il basso e dal basso verso l'alto diventa l'indicazione eterna e definitiva della circolazione tra Dio e l'uomo. In questa partecipazione il primato appartiene ancora alla grazia, grazia al momento del concepimento immacolato di Maria e grazia che ha trasmesso alla natura «creata fin dal principio oltre se stessa in direzione dell'atto di questa assunzione»[129]. Nella grazia offerta da Dio, la creatura ha la possibilità di «realizzare la sua libertà

---

[126] *TD* V, p. 72.
[127] *TD* V, p. 88.
[128] *Ibid.*, p. 88
[129] *TD* V, p. 89.

all'interno dell'eterno scambio d'amore trinitario, entro il quale la libertà assoluta di una ipostasi è sempre insieme data all'altra e da essa ricevuta»[130].

Due sono gli aspetti che si dischiudono a partire da ciò, uno riguarda la libertà dell'uomo, essa è custodita da Dio per poi essere a lui consegnata come dono in pienezza, un dono che si realizza attraverso l'esercizio della libertà nella risposta da parte della creatura poiché anche se ogni grazia appartiene e deriva da Dio, Egli desidera e attende la nostra risposta, in questo modo possiamo esprimere a nostra grazia, quando ritorniamo a lui quando non rifiutiamo la sua grazia, quando egli ci chiama e quando invia, in questo senso Balthasar può parlare di scambio di grazie bene esibite:

> «Dio mi dà la grazia del battesimo, io gli do la grazia del ritorno a lui ... Egli mi dà la grazia di mandarmi in missione, ed io gli do la grazia di comportarmi da missionario ... Anche se ogni grazia deriva da Dio, Dio ha tuttavia desiderio della mia risposta. Giacché ciò che Dio dà, egli lo dà del tutto, dona diritto di proprietà al riguardo, anche se in ultima analisi tutto viene da lui»[131].

A questa libertà Dio si rivolge personalmente con il suo amore, e quando l'uomo allontanandosi da lui decide di ritornare al Padre gli viene concesso il dono della grazia del pentimento; in questo modo «purificato dalla grazia della Parola eterna di Dio fatta uomo e dal fuoco purificatore, e così dilatato «verso l'ampiezza e pienezza della sua forma rimasta riposta in Dio»[132], egli può ancora una volta dilatato raggiungere l'ampiezza e la pienezza della sua forma rimasta riposta in Dio.

L'altro aspetto prende in considerazione il rapporto del Figlio con la creazione, dal momento che tutto è stato fatto per mezzo di lui (cfr *Gv* 1,3): «allora *l'essenza più interiore* del mondo riposa *sul Verbo e non è intellegibile se non nel Verbo*»[133]. Paradossalmente anche il tentativo ostinato di escludersi dalla vita trinitaria che in Cristo coinvolge il mondo e di rifiutare la grazia che Dio ci dona, resta pur sempre abbracciato dalla croce di Cristo. Anche se l'uomo opponendovisi può resistere nel rifiuto, la grazia ha più peso del peccato, infatti le tenebre del nostro peccato non sono un assoluto di fronte a Dio, come se costituissero un principio, poiché anche il peccato è sottomesso a Dio. Così attraverso il suo amore Dio «avvolge graziosamente la nostra peccaminosa tenebra con la sua tenebra più

---

130 *TD* V, p. 258.
131 *TD* V, p. 92.
132 *TD* V, p. 91.
133 *TD* V, pp. 258-259.

grande e che copre la nostra miseria dentro la sua grazia»[134]. Cristo è la via del ritorno al Padre, in lui spazio e tempo si trovano inseriti nella dimora eterna della vita intradivina, egli ha fatto conoscere agli uomini il nome dell'unico vero Dio (cfr *Gv* 17,6.26) perché la gloria della vita divina fosse comunicata e partecipata ai credenti; questo spazio aperto per noi da Cristo è alimentato dallo spirare dello Spirito. In questo modo la nostra libertà, in Cristo riceve una tale ampiezza e dilatazione che la libertà dell'uomo appare limitata e irrilevante; solo il legame profondo con Cristo conduce la libertà dell'uomo alla sua piena libertà. Riferendosi alla mistica della von Speyr, egli può dire che l'apparente rinuncia a realizzare se stessi nella piena disponibilità a Dio attraverso l'obbedienza, si trasforma nella libertà liberata: «Quanto più un uomo si decide per Dio e si lega a lui, tanto più libera diventa la sua libertà»[135]. La finalità interna alla libertà finita possiamo realizzarla tramite la grazia che ci viene offerta da Dio. Essa secondo l'espressione usata da A. von Speyr è la piccola spanna che rimane sulla terra a nostra disposizione:

« "Noi viviamo sì una vita umana terrestre, ma questa è offerta all'eterna vita celeste ... del Dio trinitario". E dal momento che ci viene offerta, ad attuare questo nostro finalismo, la grazia di Dio, "la piccola spanna che rimane sulla terra a nostra disposizione appare già inalveata nella vita eterna di cui non possiamo disporre. E la piccola spanna ci viene lasciata per affermare la vita eterna offertaci", giacché "la nostra vita temporale non ha senso che all'interno della nostra vita eterna"»[136].

Nella terza ed ultima parte Balthasar affronta nuovamente il rapporto infinito-finito posto all'interno della trattazione del mondo in Dio, si tratta ancora della completa uscita da Dio e della completa rientrata in lui da parte di Cristo, oppure del movimento cielo verso terra e terra verso cielo, un ambito circoscritto chiaramente sin dall'inizio. "Cristo è lo scambio concreto" egli rappresenta la vicinanza del cielo ma anche la distanza. La svolta della risurrezione e la sua glorificazione da parte del Padre, mostrano come egli ora supera tutti i luoghi sia del cielo, essendo salito al di sopra dei cieli, come della terra essendo con noi tutti i giorni, in questo modo egli abbraccia tutte le cose con la sua potenza e "ogni cosa adorna di grazia"[137]. Cristo con la sua venuta ha dato vita a un nuovo inizio, ha accorciato la distanza tra il Creatore e la creatura, ha aperto ad essa la via per il ritorno al Padre.

---

[134] A. von Speyr, *Sieg der Liebe* cit. in *TD* V, p. 226.
[135] *TD* V, p. 260.
[136] A. von Speyr, *Bergpredigt* cit. in *TD* V, p. 95.
[137] *TD* V, p. 324.

Questa premessa pone delle domande: come la creatura può accogliere l'idea eterna divina? Inoltre perché anche con l'aiuto della grazia, questa accoglienza dovrebbe essere preclusa? Si tratta di cercare nel passato alcuni tentativi di soluzione. Ed è così che, dopo Agostino e Massimo il Confessore e il riferimento alla scolastica, Balthasar si rivolge alla storia della mistica, trovando in Ruusbroeck colui che meglio ha mostrato come l'incontro con la propria idea increata avviene nel punto dove il Padre genera eternamente il Figlio:

«Praticamente questa generazione avviene sempre là dove Dio ingenera grazia nel fondo per lui aperto di una anima creata, ma è necessaria una suprema grazia di Dio e una suprema purezza dell'anima, affinché questa oltre se stessa arrivi a vedere le capacità spirituali (emergenti dal fondo dell'anima) di questo divino evento. Dal grembo della divina fecondità è uscito dunque "il Figlio, l'eterna Parola del Padre, come seconda Persona nella divinità. E grazie a questa eterna nascita tutte le creature sono uscite da tutta l'eternità prima d'essere create nel tempo. Già da allora Dio le ha guardate e riconosciute una per una in sé come idee viventi e in alterità rispetto a sé; come altra cosa tuttavia non in ogni senso, poiché tutto ciò che è in Dio è Dio»[138].

Questo evento appartiene al dono di grazia del grembo divino che nella generazione dell'eterna Parola ha posto l'origine di tutte le creature. Così ogni cosa prima ancora di essere creata nel tempo è stata nel Figlio guardata e riconosciuta, "come idee viventi e in alterità rispetto a sé". Balthasar in questa alterità distinta della creazione ripone l'origine del nostro essere in Dio, un Dio infinitamente grande che vede ogni cosa non in una sequenza temporale ma nell'eterno adesso della sua Sapienza; cercando di esplicitare il significato della creatura a partire dalla redenzione. Da questo punto di vista tutte le idee create sono in Cristo, egli è il rappresentante del nostro essere ideato per noi in cielo[139], e quando Cristo interpella la creatura si ha l'accesso all'idea che Dio ha di me.

L'incontro con Dio rappresentato in chiave mistica dischiude alla creatura la ricchezza misteriosa della *visio Dei* dove la distinzione di alterità e unità in Dio permane tramite una grazia che non cambia la natura, ma la eleva inserendola graziosamente nell'unità trinitaria:

«E, a partire da questa distinzione, la distinzione Dio-creatura viene sia eternamente giustificata, sia pure eternamente superata nell'amore graziosamente donato, che ha origine nell'unità essenziale di Dio. "Se noi viviamo al tempo stesso del tutto in Dio e del tutto in noi stessi, è sempre una sola vita, tuttavia duplice e in contrasto, ... non possiamo diventare del tutto Dio. ma se rimaniamo in noi stessi e in disparte da Dio, rimaniamo miseri e infelici. Se ci

---

138 *TD* V, p. 333.
139 Cfr. *TD* V, pp. 329-336.

dobbiamo perciò trovare in Dio e in noi stessi, ci troviamo tra questi due sentimenti non altrimenti che nella grazia di Dio e nell'esperienza dell'amore"»[140].

Allontanandoci da questa luce eterna della sapienza di Dio, c'è spazio per la solitudine e la miseria, solo se rimaniamo in Dio e in noi stessi troviamo nella grazia di Dio e nell'esperienza dell'amore la vera pace. Questa assunzione che si realizza nell'incontro altro non è che un dono comunicato dall'alto, poiché soltanto Dio può concederci di essere accolti in lui con una disponibilità che offre liberamente infiniti spazi di realizzazione alla libertà finita dell'uomo.

Quanto fin qui è stato espresso risulta chiaro a partire dalla parte conclusiva del volume dove viene indicato il centro ispiratore dell'Ultimo Atto nel significato della creazione e redenzione per Dio. Dopo aver percorso un lungo itinerario, Balthasar esplicita il principio ispiratore che egli ha cercato di individuare nella scena tragica di Dio nel mondo e del mondo in Dio. Partendo dal presupposto che Dio ha creato liberamente ogni cosa, egli sottolinea la finalità del creato nella glorificazione di Dio, raggiunta solo da un punto di vista trinitario, tramite la gratuità delle processioni intradivine e nell'inserimento della creatura nelle generazioni reciproche dell'amore.

«La gratuità della creazione (che dice pure la sua non necessità) viene fondata nella gratuità assai più fondamentale della vita intradivina, dove la *gloria Dei* nella creazione viene però salvata da qualsiasi sospetto di solipsismo: l'intima partecipazione delle creature alla vita trinitaria diventa un dono interiore di ogni divina persona all'altra, con il che si supera qualsiasi apparenza di "glorificazione" puramente esteriore»[141].

La gratuità è il criterio interno che egli individua come base comune, che troviamo nella vita intradivina e come conseguenza nella creazione: «Il punto di vista della gratuità come sintesi di due diversi modi di essere, e dell'evento trinitario e della creazione»[142]. Le conseguenze di questa affermazione sono esplicitate considerando come la libertà assoluta di Dio è senza perché, dal momento che Dio sia nella autocomunicazione trinitaria sia nella creazione non è condizionato da alcuno; poiché in Dio libertà e necessità coincidono. «Questa decisione, in quanto pura gratuità, non è riferibile a nessuna necessità dietro o sopra Dio»[143].

Quanto si realizza nell'economia della salvezza ha la sua radice nella immensa libertà di Dio, nella Trinità immanente, in questa libertà si apre la

---

[140] *TD* V, p. 341.
[141] *TD* V, p. 430.
[142] TD V, p. 431.

possibilità della gratuità del suo donare, «il che presuppone un voler essere «povero», sia per farsi regalare che per potersi privare»[144].

Il percorso balthasariano lascia posto sino alla fine ancora per qualche questione, egli si chiede come mai la lezione dell'immanente non possa essere riferita alla economia: «se tutto ciò vale già intratrinitariamente, allora non si riesce a vedere perché non dovrebbe e non potrebbe valere anche per l'*oikonomia* inalveata nella *theologia*»[145]. In questo modo l'economia della salvezza diventa il punto di partenza per un ulteriore approfondimento del mistero trinitario, interpretando la vita divina nel movimento eterno dell'amore traboccante dello Spirito; il miracolo dello Spirito così come quello della grazia riempie e adempie ogni aspettativa.

---

[143] *Ibid*, p. 431.
[144] *Ibid.*, p. 431.
[145] *Ibid.*, pp. 431-432.

Parte seconda

Il volto trinitario della grazia

Riflessioni preliminari

L'indagine svolta in chiave fenomenologica ci ha offerto la possibilità di rintracciare, nel contesto delle opere prese in considerazione, le diverse espressioni della grazia formulate all'interno della prospettiva particolare del teologare balthasariano. In questo secondo momento della nostra ricerca, vogliamo, da una parte, formulare l'ipotesi per una lettura sistematica di quanto fin qui abbiamo esposto e, dall'altra, cercare di individuare il nodo centrale attorno al quale è possibile far confluire gli elementi di novità che si configurano come le coordinate di fondo per una nuova riflessione sulla teologia della grazia. Si tratta di racchiudere in pochi frammenti le molteplici e variegate formulazioni che si dischiudono dalla trattazione del nostro autore, cercando di non ridurle nella loro portata, ma interpretandole e contestualizzandole all'interno dell'articolazione più ampia del suo pensiero. Il punto di partenza per una formulazione sul tema della grazia, si trova a nostro avviso espresso nell'ultimo volume della *Teologica*, lo *Spirito della verità* :

> «Ma poiché lo Spirito secondo la Parola di Gesù prende primariamente "del mio", poiché "ogni mio" è del Padre, perciò l'introduzione dello Spirito sempre è partecipazione allo spazio divino del rapporto Padre-Figlio (e in questo senso questa introduzione si può chiamare "divinizzazione") come partecipazione all'incarnazione; propriamente una sempre più profonda e efficace partecipazione a questo, perché lo spazio divino si schiude per noi in nessuna parte diversamente che nell'autodedizione della carne e del sangue di Gesù (*Gv* 6,53-57). Queste due dimensioni della verità sono inseparabili, perciò si dimostrerà che gli accenti posti dalla teologia orientale e occidentale si appartengono»[146].

In questa citazione sono presenti tutti gli elementi del contributo che Balthasar propone sul nostro tema, ma è altresì formulata in modo sintetico la lettura interpretativa del nostro approccio: leggere la grazia a partire dal mistero di Dio prendendo come riferimento la teoresi pneumatologica; mostrando come Balthasar assume implicitamente la riflessione rahneriana sul concetto di grazia increata, senza trascurare l'esperienza mistica, vero luogo ermeneutico della sua teologia, che assume a partire dall'influsso che ha esercitato su di lui l'incontro e l'esperienza mistica di A. von Speyr[147] .

Gesù Cristo in quanto immagine del Dio invisibile (cfr *Col* 1,15) non solo è la via che ci introduce nel mistero del Padre ma è altresì la pienezza di ogni grazia

[146] *TL* III, p. 63.

e verità (cfr *Gv* 1,14); Egli è la grazia partecipata all'uomo mediante lo Spirito. Così l'opera dello Spirito si delinea non solo come introduzione e spiegazione della verità di Dio ma anche come partecipazione alla *communio* della vita divina e in questo senso la missione che egli compirà fino alla venuta del Signore nella gloria si definisce come opera di cristificazione .

Prima di formulare nei vari aspetti l'intuizione iniziale, è opportuno precisare due termini che ricorrono frequentemente (non soltanto in *Teologica* ma anche in *Teodrammatica*) nell'ambito dell'accesso alla realtà di Dio. Si tratta di delineare la configurazione che "introduzione"[148] e "spazio"[149] assumono nell'accezione balthasariana. Il compito dello Spirito come colui che introduce «i cuori di coloro che non lo contrastano nella verità dell'assoluto amore»[150] è definito prendendo come riferimento il testo biblico tratto dal cap. 16 del *Vangelo secondo Giovanni*. Dopo una descrizione sulla venuta (v.7) e sull'azione del Paraclito nei confronti del mondo (vv. 8-11), il testo giovanneo indirizza lo sguardo dei discepoli allo «Spirito della verità» con una apposizione esplicativa quale guida che condurrà la comunità dei discepoli nella verità totale (vv. 12-15), secondo quanto afferma nel suo commentario l'esegeta R. Schnackenburg[151]. «Quando verrà lui, lo Spirito della verità, vi guiderà a tutta la verità, perché non parlerà da se stesso, ma dirà tutto ciò che avrà udito e vi annuncerà le cose future» (*Gv* 16,12-14). Lo Spirito, dal momento che riceve la missione di esporre la verità di Dio mediante il Verbo incarnato[152], è anche la guida che introduce i credenti nelle profondità del mistero nascosto da secoli. La testimonianza che lo Spirito rende a favore della rivelazione nel suo ruolo di «espositore» di ogni verità «si compie non solo *davanti* a qualcuno, e neppure *per* qualcuno, ma come donazione di apertura del proprio in direzione di qualcuno, anzi, se accettata, "dentro" qualcuno»[153].

---

[147] Per un primo approccio con gli scritti della mistica svizzera consigliamo lo stesso contributo offerto da von Balthasar su Adrienne von Speyr, *Mistica oggettiva.* Antologia redatta da Barbara Albrecht, tr. it., Jaca Book, Milano 1972.

[148] Per quanto riguarda il termine "introduzione" rimandiamo alle pagine seguenti: *TL* III, pp. 21, 60, 63-65, 68-69, 73-74, 76, 95-96, 115, 159-165.

[149] Per il termine "spazio" oltre ai brani riportati sopra, in cui l'espressione è formulata come "introduzione nello spazio" rinviamo ad altri contributi: *TD* II, pp. 208, 230, 244-248, 255; *TD* V, pp. 67, 80, 82, 226, 259.

[150] *TL* III, p. 165.

[151] Cfr. R. Schnackenburg, *Il Vangelo di Giovanni*, vol. III, tr. it., Paideia, Brescia 1981, pp. 215-245

[152] *TL* III, p. 59.

[153] *TL* III, p. 63.

L'esigenza di approfondire le caratteristiche del ruolo dello Spirito, esaminando la molteplicità dei testi del Nuovo Testamento, senza rinunciare al compito di affrontare e risolvere alcune tensioni in ambito dogmatico[154], trova nell'ultima parte dell'opera *Lo Spirito della Verità* un ulteriore motivo per tematizzare il ruolo dello Spirito "soggettivamente".

Nella riflessione del teologo svizzero, "l'oggettivo" riguardo allo Spirito non pone su un'altra dimensione l'aspetto soggettivo, non sono sfere separate, ma il duplice aspetto della sua unica e indivisibile personalità.

> «Come gli aspetti oggettivi dello Spirito che si rispecchiano nella chiesa erano da intendersi da una parte in congiunzione con l'incarnazione del Figlio, [...] così gli aspetti soggettivi non potranno mai essere separati dai presupposti oggettivi di questa attività, se non si vuole deviare in forme di pietismo o carismatismo soggettivistico»[155]

Questa testimonianza e questa esposizione che lo Spirito svolge nel suo ruolo di «espositore di ogni verità» si caratterizza come introduzione nella profondità più interna di Gesù, nel suo scambio con il Padre, nelle profondità viventi tra il Padre e il Figlio. In questo modo l'introduzione non è semplicemente un venire a conoscenza di qualcosa, ma una trasformazione interna nel Figlio:

> «Tale introduzione non potrà assolutamente somigliare a quella di un gruppo di turisti che attraverso una campagna ignota o una affascinante caverna di stalattiti, ma dovrà verificarsi solo mediante adeguazione alla realtà cristologica. In tal modo è già svelato l'aspetto paolino centrale di questa introduzione mediante lo Spirito: egli ci rende figli nell'eterno Figlio: *filii in Filio*. Questo può essere espresso nella forma paolina "in Christo", "nello Spirito" o con la frase giovannea: «Noi verremo a lui e prenderemo dimora presso di lui» (*Gv* 14,23)»[156].

Trasformazione e incorporazione sono le due articolazioni di questa introduzione secondo le due tradizioni greca e latina, a cui von Balthasar si riferisce, ma in maniera da cogliere le due configurazioni come un unico motivo:

---

[154] Cfr *TL* III, p. 95. In particolare sullo sfondo rimane il problema che più assilla von Balthasar: che cosa o chi è lo Spirito. Il nostro, affronta due tensioni che non vogliamo tralasciare. La prima si riferisce al carattere personale dello Spirito, le sue funzioni per quanto appartengano all'ambito della cristologia, non possono secondo il nostro autore essere concepite come qualcosa che conduce verso una definizione di "apersonale" in riferimento alla persona del Paraclito. La seconda tensione rintracciabile nei Vangeli inerisce la differenza tra la piena presenza dello Spirito nel Gesù terreno e il suo invio alla Chiesa e a ogni creatura dopo la risurrezione e la sua glorificazione.

[155] *TL* III, p.293.

«l'introduzione dell'uomo ecclesiale nello spazio della verità intradivina può essere prevalentemente spiegata come trasformazione dentro lo spazio di Dio; allora l'azione dello Spirito sarà da intendere più come purificazione, illuminazione, unione, "divinizzazione", e questo altrettanto mediante intelligenza come mediante virtù; così i greci; oppure essa può essere interpretata più come incorporazione nel corpo di Cristo fino ad essere una sola carne di sposo e sposa, anzi un corpo dai molti membri, come il Cristo che ama se stesso nel suo corpo (*Ef* 5,28 s.). *Ipsi sunt ego*: così Agostino e l'occidente che lo segue» [157].

Da questi riferimenti possiamo giungere ad una prima considerazione.

Il termine *introduzione* che Balthasar utilizza fa parte della prima formalizzazione della grazia, capace di mantenere in relazione il processo di giustificazione e l'opera di santificazione[158] come partecipazione alla vita divina, ma soprattutto come introduzione e adeguazione alla verità di Cristo[159] mediante l'opera dello Spirito.

Per quanto riguarda l'espressione *spazio*, mutuata dal linguaggio di Gregorio di Nissa[160], essa viene applicata all'evento della generazione in Dio: «per questo evento tra le divine "ipostasi", vi siano a disposizione *spazi infiniti di libertà*» [161], ma anche al rapporto di Dio con la creatura, che si trova avvolta nella misericordia divina: «così che ogni suo errore abbia corso entro lo spazio dell'amore divino»[162]. Balthasar si preoccupa di chiarire l'origine di questi spazi intradivini:

«gli spazi di libertà in Dio sorgono sia dall'autodonarsi delle ipostasi, sia dal lasciar essere volta per volta le altre due ipostasi da parte di quella che viene prima»[163]; così il termine si troverà sempre più definito, e sarà sempre più sviluppato su due fronti, a partire dalla Trinità e in riferimento alla creatura. Il Figlio riceve dal Padre uno spazio infinito per la propria libertà filiale: «Il Padre non ferma il Figlio nella generazione ma lo lascia libero nell'infinito spazio della sua propria libertà filiale, della sua propria divina sovranità»[164].

Ma è nel volume conclusivo della *Teologica* che il termine riceve la sua ultima formalizzazione, in modo da indicare lo Spirito stesso come: «lo spazio tra il Padre e il Figlio, in cui egli introduce, è in certo senso egli stesso, egli è come si mostrerà, l'amore tra Padre e Figlio, ma in modo che è a un tempo il suo frutto (e

---

[156] *TL* III, p. 22.
[157] *TL* III, p. 21.
[158] *TL* III, p. 73.
[159] *TL* III, pp. 62-70.
[160] Cfr. Gregorio di Nissa, *La vita di Mosè* (testo greco a fronte), a cura di Manlio Simonetti, Arnoldo Mondadori, Verona 1996.
[161] *TD* II, p. 243.
[162] *TD* II, p. 208.
[163] *TD* II, p. 248.
[164] *TD* V, p. 83.

così il suo testimone)»[165]. Il contesto in cui von Balthasar formula l'affermazione, rappresenta il presupposto teologico di quanto egli svilupperà in seguito a proposito del rapporto tra grazia increata e grazia creata, su cui noi ci soffermeremo; per ora basti notare come al di fuori del compito dello Spirito di introdurre e accompagnare il credente «nelle profondità viventi dell'evento tra il Padre e il Figlio, dello spazio ipostatico»[166] non è possibile iniziare nessun discorso teologico sulla grazia.

[165] *TL* III, p. 20.
[166] *Ibid.*, p. 20

Capitolo quarto
La prospettiva trinitaria della grazia

Secondo P. Fransen la riflessione teologica sulla grazia ha avuto due momenti di approfondimento, il primo fino al Concilio di Trento ha sottolineato a partire dal dato biblico il primato assoluto della grazia increata, «il primato cioè dell'iniziativa trinitaria divina nel movimento di grazia»[167]. Il secondo momento, dopo il concilio di Trento, in cui si verifica un cambiamento di prospettiva, da alcuni definito tragico, che porterà a concentrare l'attenzione sulla grazia creata, e a considerare l'inabitazione di Dio nell'uomo come un'appendice al capitolo sulla grazia abituale creata. La reazione a una simile impostazione inizia già a partire dal secolo XVII con l'opera di Petavio, che come patrologo propone un ritorno alla teologia dei Padri soprattutto quelli greci, e in particolare a Cirillo di Alessandria, cercando di mettere in risalto il dono della grazia increata come inabitazione di Dio nell'anima. Non vogliamo soffermarci sulla storia di questo sviluppo storico, ma quanto brevemente accennato serve a collocare la proposta del nostro autore nell'ambito delle varie elaborazioni[168] che da allora si sono susseguite.

La lettura delle pagine dell'ultimo volume di *Teologica*, che abbiamo scelto come punto di riferimento, suscita il convincimento come la trattazione della grazia, formulata attorno al tema dello Spirito che introduce nel mistero di Cristo come espositore della verità dell'amore del Padre, sia il frutto di una lunga opera di riflessione che si colloca proprio nel solco del rinnovamento della teologia della grazia e presuppone i tentativi ormai storici di questo approfondimento. Balthasar inserisce la riflessione sul rapporto tra la grazia increata con quella creata nell'ambito del ruolo dello Spirito nell'economia della salvezza, e precisamente nel paragrafo sulle *parole distintive dello Spirito*[169]. L'indagine non occupa che poche pagine, cosa che non avviene su questioni che riguardano la Trinità e l'incarnazione su cui si sofferma a lungo. Inoltre il secondo termine del rapporto, la grazia creata, è messo tra parentesi, si tratta di una scelta di campo, una indicazione che formalmente vuol condurre sin dall'inizio il lettore a una visione particolare. Perciò cercheremo di leggere in profondità i presupposti che articolano questa impostazione, creando nei limiti della nostra indagine i collegamenti necessari per la comprensione del pensiero del nostro autore, con qualche tema già trattato

---

167 P. Fransen, *Presentazione storico-dogmatica della dottrina della grazia*, in J. Feiner-M. Löhrer (edd.), *Mysterium Salutis*, vol. IX, tr. it., Queriniana, Brescia 1975, p. 176.
168 F. L. Ladaria, *Antropologia teologica*, Piemme, Casale Monferrato (AL) 1986, pp. 213-234.
169 *TL* III, pp. 181-202.

altrove. Secondo il pensiero di G. Ruggieri[170] il punto focale della teologia di Balthasar non è la struttura aperta dell'uomo, capace di autotrascendersi, ma l'autorinuncia di Dio e il suo amore discendente. Questa analisi caratterizza il tema della grazia a partire da una prospettiva dall'alto, essa privilegia il mistero della Trinità, l'unità del disegno salvifico di Dio tramite le due missioni del Figlio e dello Spirito, e come conseguenza la partecipazione della creatura alla vita divina. Ma questa prospettiva si integra, a nostro avviso, con una dimensione dal basso che privilegia il tema della libertà finita dell'uomo a partire dal coinvolgimento nel dramma da parte della libertà infinita di Dio; una libertà finita che liberata da Dio è resa capace di cooperare con Lui. Balthasar vuole evitare da un parte il rischio di un assorbimento di tipo panteistico, qualora non si precisino i termini della partecipazione della grazia increata all'uomo; dall'altra intende considerare la portata dell'affermazione di Paolo: «l'amore di Dio è stato riversato nei nostri cuori per mezzo dello Spirito Santo che ci è stato dato» (*Rm* 5,5), non riducendola a una mera giustapposizione[171]. Questa posizione è espressa in modo chiaro nel volume sulla *Teologia di K. Barth*, riportando il pensiero di Schmaus che mette a confronto due modi di pensare la grazia, quello di de Lubac con l'altro di Barth, così scrive: «la tesi antica, patristico-scolastica, che, portata all'estremo, "può condurre ad una soppressione dei confini", e la moderna, che concede alla natura un'autonomia quasi totale (fino a prospettare un *finis naturalis ultimus*)»[172]. Balthasar riesce a mantenere un equilibrio tra le due posizioni scegliendo di spiegare la partecipazione alla natura divina (cfr *2Pt* 1,4) prendendo in considerazione il mistero della Trinità. Nell'articolo sul problema della conoscenza di Dio da parte dell'uomo il nostro autore, nel paragrafo dedicato alla *conoscenza di Dio per natura e per grazia*, cerca di chiarire il rapporto di Dio con la creatura confrontandosi con la realtà dell'amore esistente tra la madre e il bambino. In questo contesto egli si chiede «come è possibile una comunione d'amore fra Dio e uomo, dove tuttavia la diversità delle persone è tanto grande e non può trovarsi inserita nella comunanza di una stessa natura, come avviene fra madre e bambino?»[173].

Anche nella *Teodrammatica* troviamo la stessa questione, formulata a partire dal mistero della Trinità: «Ma insorge in tal modo la nuova domanda in che

[170] G. Ruggieri, *op. cit.*, pp. 5-20.
[171] Quanto qui abbiamo espresso è affrontato in maniera approfondita in *TD* V, p. 326.
[172] H. U. von Balthasar, *La teologia di K. Barth*, trad. it., Jaka Book, Milano 1985, pp. 374-375.
[173] H. U. von Balthasar, *L'accesso alla realtà di Dio*, in *Mysterium Salutis*, vol. III, tr. it., Queriniana, Brescia 1969, p. 32.

relazione sta il processo intratrinitario con questa offerta di sé e della grazia alla creatura?»[174].

Il punto di partenza della riflessione balthasariana[175], per rispondere a questi interrogativi, è superare il concetto di una «natura pura» e partire dal presupposto della grazia di Dio che all'interno della libertà finita si dona a noi:

> «l'apparente paradosso di una natura fatta per un raggiungimento di Dio irraggiungibile con le possibilità naturali e – come superamento di questo paradosso – una grazia inserita già nella libertà «puramente naturale», la grazia di un Dio che si apre a noi, il cui irraggiamento sull'intera storia umana verrebbe pensato come irradiante dal centro cristologico»[176].

Sulla base di questa affermazione è possibile comprendere la prospettiva trinitaria della grazia del nostro autore, una prospettiva già formulata in epoca patristica, così come è bene documentato da J. Alfaro. Secondo quanto egli afferma a proposito della riflessione soteriologica, la teologia patristica vide la salvezza dell'uomo come partecipazione al mistero di Cristo e attraverso Cristo al mistero della Trinità. Tra coloro che sottolineano questa dimensione trinitaria e cristica della grazia compare Atanasio: «Secondo Atanasio la grazia è (nella sua stessa essenza) cristica e trinitaria: partecipazione alla gloria di Cristo mediante il dono del suo Spirito e, attraverso Cristo, alla vita stessa di Dio»[177].

Per comprendere meglio l'articolazione di questa trattazione abbiamo pensato di confrontarci con quanto Balthasar afferma a proposito del carattere gratuito della chiamata di Dio, un dono inconcepibile che non è possibile dedurre dalla creazione:

> «fra Dio e la creatura non esiste un simile rapporto puramente naturale, che dal fatto della creazione possa postulare il fatto ulteriore della necessità della chiamata. Ciò spiega perché la chiamata personale della creatura da parte di Dio spalanca un ambito estraneo alla creatura come tale, e cioè l'ambito della intimità stessa di Dio; la chiamata di cui ora parliamo è appunto già essenzialmente dono di sé, amore come comunicazione dell'intimità personale dell'essere che

---

[174] *TD* II, p. 296.

[175] Le risposte che Balthasar offre abbracciano una molteplicità di questioni che per essere affrontate correttamente richiederebbero una trattazione particolare, per questo motivo abbiamo pensato di articolare la nostra riflessione a partire da ciò che coinvolge direttamente la nostra indagine rinviando per un ulteriore approfondimento a qualche studio specifico: E. Babini, *L'antropologia teologica di Hans Urs von Balthasar*, Jaka Book, Milano 1988. G. Marchesi, *op. cit.*, pp. 125-134.

[176] H. U. von Balthasar, *Epilogo*, Jaka Book, Milano 1994, p. 99.

[177] J. Alfaro, *La grazia di Cristo e del cristiano* in *Cristologia e Antropologia*, Cittadella, Città di Castello (PG) 1973, p. 87. Per quanto riguarda i riferimenti al pensiero di Atanasio in *TL* III rimandiamo alle pagine seguenti: 104-105, 132,138,145,155.

chiama. E solo una tale chiamata è in grado di produrre nel chiamato quella reazione intima, che lo induce a una corrispondente dedizione totale, incondizionata e illimitata»[178].

Questa riflessione si collega con quanto viene detto nel volume conclusivo della *Teologica*, trovando in questo modo una ulteriore formulazione a partire dalla teoresi pneumatologica. Cercando di chiarire la portata del testo di *Rm* 5,5 il compito dello Spirito viene descritto come un *esporre e riporre* nei cuori la verità dell'amore di Dio, che è fedeltà e bontà, ma anche come possibilità di *intimizzare* nella creatura l'essere di Padre e Figlio[179].

Lo Spirito in questo modo «introduce i cuori di coloro che non lo contrastano nella verità dell'assoluto amore»,[180] e questa introduzione non avviene in modo estrinseco, ma nell'offerta che Dio fa di sé alla creatura attraverso il dono di grazia dello Spirito. La fondazione trinitaria della grazia viene chiarita ulteriormente facendo riferimento alla divinizzazione dell'uomo a partire dal testo di *2Pt* 1,4 nei termini di una partecipazione alla vita divina:

> «Non rimane perciò aperta altra via che quella della grazia, nel senso di una misteriosa *partecipazione alla natura divina* (cfr *2Pt* 1,4), di un inserimento della creatura nella sfera dell'essere di Dio, affinché sulla base di un modo di essere e di pensare comune per qualche aspetto (*con-naturalis*) si renda possibile la relazione personale di scambio»[181].

La relazione personale di scambio tradotta nel linguaggio dei Padri come *admirabile commercium* ci introduce nel mistero di Cristo:

> «L'*admirabile commercium*, come i Padri l'hanno inteso, non si fonda su uno scambio puramente formale di peccato e grazia, ma su una obbedienza d'amore della Persona dell'Uomo-Dio rispetto al Padre, una obbedienza in cui egli ha potuto superare da sotto la ribellione del primo Adamo»[182].

Nella rivelazione di Dio in Cristo si rende manifesto tutto il carattere trinitario della grazia come irradiazione e dono della comunione con Dio Padre attraverso la mediazione di Cristo nel dono dello Spirito.

Il riferimento alla croce di Cristo rappresenta la manifestazione più chiara di questa partecipazione della Trinità alla redenzione dell'uomo, da questo luogo della croce la grazia dello Spirito viene in contatto con la libertà singola e finita dell'uomo. In questo modo la croce diventa il centro dove il santo scambio si

---

[178] H. U. von Balthasar, *L'accesso alla realtà di Dio*, *op. cit.*, p. 41.
[179] *TL* III, p. 165.
[180] *Ibid.*, p. 165.
[181] H. U. von Balthasar, *L'accesso alla realtà di Dio*, *op. cit.*, p. 44.
[182] *TL* II, p. 302.

realizza, lo Spirito esalato dal Figlio morente sulla croce viene in contatto con la libertà finita dell'uomo:

«Da questo punto sorgivo lo Spirito confronta, come si è già accennato, la libertà finita e fallita con se stesso e le mostra come potrebbe essere una libertà che veramente si realizza.[...] Ciò che qui lo Spirito realizza a partire dalla croce (se nella forma di una "gratia actualis adiuvans" oppure già "santificano" si può omettere a questo punto di specificare, poiché la differenza entra in gioco solo nell'immediato: assenso o rifiuto) è un operare nella sfera in cui la forma finita viene donata solo a se stessa»[183].

Prendendo in considerazione la dottrina dell'unione ipostatica, si può affermare che la grazia assume finalmente il volto trinitario e il dono dello Spirito[184] può essere partecipato ai credenti come "Spirito del Padre" e "Spirito di Cristo" (cfr *Rm* 8, 9.11). La dottrina dell'unione ipostatica che Balthasar sceglie come punto di partenza per approfondire la missione dello Spirito si ispira ancora una volta al pensiero dei Padri, in particolare a Gregorio di Nissa:

«L'umanità concreta di Cristo fu santificata e divinizzata nell'incarnazione mediante la stessa unione definitiva e indistruttibile del Verbo con essa; questa unione includeva la presenza permanente dello Spirito Santo in Cristo»[185].

Nell'opera la *Teologia di K. Barth*, affrontando il tema *grazia e peccato* possiamo trovare in sintesi, la formula trinitaria della grazia:

«La grazia di Dio è partecipazione alla sua vita intradivina, e, in quanto tale, elevazione della creatura al di là di ogni pretesa e aspettativa. Questa partecipazione non è semplicemente forense né semplicemente escatologica, ma reale, interiore e presente. Essa, proprio per venire compresa rettamente come l'evento che è, deve essere vista come una trasformazione che raggiunge l'essere stesso della creatura. E poiché è questo, essa da spazio a tutti gli eventi reali e a tutte le fasi che costituiscono il cammino dell'uomo verso Dio: conversioni, progressi, ricadute, collaborazioni e impedimenti. Non una redenzione in blocco, così che tutta questa piccolezza umana finisca per apparire insignificante, [...] ma un camminare insieme sulle orme del Signore incarnato, in cui i passi hanno il loro senso proprio e il loro peso particolare, e in cui le decisioni vengono prese sul serio da Dio stesso e inserite di volta in volta nei suoi piani»[186].

Queste considerazioni rimandano a un orientamento proposto e incoraggiato da K. Rahner, il quale scrive, dicendo che:

---

[183] H. U. von Balthasar, *Epilogo*, Jaka Book, Milano 1994, p. 166.

[184] Cfr. *TL* III, p. 189.

[185] Gregorio di Nissa, *In Cantic.* XV (PG, 44, 1117); *Adv. Maced.* 16-17 cit. in J. Alfaro, *Cristologia e Antropologia*, *op. cit.*, p. 88.

[186] H. U. von Balthsar, *La teologia di K. Barth*, *op. cit.*, p. 402.

«Dio stesso si partecipa all'uomo nella sua propria realtà. Questo è il mistero e la pienezza della grazia. Partendo da qui, è poi più facile trovare anche il ponte verso il mistero dell'Incarnazione e quello della Trinità»[187].

La sorgente della grazia scaturisce dalla vita intradivina, è l'irradiazione libera dell'amore di Dio, la rivelazione graziosa che Dio fa di se stesso all'uomo nella missione del Figlio e nell'opera dello Spirito.

Secondo Balthasar, i modi con cui è possibile descrivere la forma della grazia sono due, essi appartengono allo spazio divino dell'amore, che nel dono dello Spirito si dischiude per noi:

«Da ricordare anzitutto che di Dio si può parlare in categorie personalistiche ma non soltanto, specie quando queste vengono giocate contro categorie ontiche; anche il personalistico è ontico; e secondo l'affermazione irriducibile di Plotino Dio è ciò che vuole essere e vuole essere ciò che è. Ciò significa che la presenza del donatore nel dono (e nel compito insito nel dono) dunque la grazia offerta da Dio, può venire espressa senza esitazione alcuna sia come amore di Dio che si offre, sia come essere di Dio che si offre, si può ed anche si deve, dove naturalmente l' "essere" non è da confondere con la "cosa-oggetto" (*Sache*)»[188].

Come afferma ancora K. Rahner, Dio non dona qualcosa di sé ma dona se stesso, nella sua essenza più intima Dio è pienezza che si dona: «La grazia è Dio stesso, è la sua autopartecipazione, in essa egli stesso si dona all'uomo come grazia divinizzante»[189]. La grazia è definita come comunione di vita con Cristo ma un simile rapporto di comunione si realizza solo con l'aiuto dello Spirito: «La grazia è comunione di vita con Cristo; ma questa comunione ci è data attraverso lo Spirito Santo: è il dono di *Dio Padre mediante l'unigenito nello Spirito Santo*»[190]. Una simile proposta per quanto approfondisce la natura della grazia sembrerebbe confermare la prospettiva "dall'alto" della grazia, fornendo gli elementi per formulare una teoria dimostrativa dell'amore di Dio, ma senza rendere ragione del coinvolgimento della creatura.

Quando la creatura si lascia penetrare dallo Spirito come dall'assoluto dono divino si realizza la fecondazione e la fioritura che segnano l'incontro della creatura con la trascendenza di Dio, la sua partecipazione con l'Assoluto «come essere congenerato insieme col Figlio»[191].

Lo stesso Balthasar afferma in *Spiritus Creator* quando parla della possibilità che l'uomo ha di agire secondo il volere di Dio:

---

[187] K. Rahner, *Natura e grazia*, in *Saggi di antropologia soprannaturale*, *op. cit.*, pp. 97-98.
[188] *TD II*, p. 296.
[189] *Ibid.*, pp. 101-102.
[190] J. Alfaro, *La grazia di Cristo e del cristiano*, in *Cristologia e Antropologia*, *op. cit.*, p. 89.
[191] *TD* II, p. 298.

«Ciò che ce lo rende possibile è la grazia, e grazia è l' "effusione dell'amore di Dio nei nostri cuori per opera dello Spirito Santo" – e precisa dicendo che – "poiché tuttavia si tratta dello Spirito dell'amore, e non d'un automatismo della grazia, e poiché lo Spirito (di Dio) si comunica spiritualmente allo spirito (dell'uomo), [...] perciò è incondizionatamente necessario che questo Spirito riveli al tempo stesso le due cose: la distanza e il ponte gettato su di essa nel dono della grazia, quindi il *non-noi* (abbiamo amato) e lo *anche noi* (possiamo amare)»[192].

L'agire grazioso di Dio nella storia della salvezza delinea in modo sempre più profondo il volto di questo amore che erompe dall'intimo e richiede una risposta che coinvolge tutto l'uomo; infatti come afferma Ladaria:

«Nell'autodonazione della grazia Dio si dona in tutta la profondità del suo essere divino; perciò è formalmente il dono del Dio trino. Il Dio che ci crea come qualcosa di distinto da Lui, poiché siamo sue creature, ci accoglie come tali nell'intimità della sua vita. Perciò la nostra divinizzazione non è l'assorbimento in Dio, l'annullamento e la scomparsa del nostro essere contingente, ma la massima possibilità di realizzazione dello stesso, la massima perfezione del nostro essere creaturale»[193].

Per approfondire ancora di più la nostra riflessione, dobbiamo far riferimento alla teoresi pneumatologica che Balthasar sviluppa nel volume conclusivo della *Teologica*. La grazia è il dischiudersi dello spazio divino per noi, questo spazio è l'amore dello Spirito, spazio santo in assoluto, spazio intimo tra Padre e Figlio. Il dono di grazia dello Spirito partecipato ai credenti definito come introduzione nello spazio trinitario, viene approfondito in termini gnoseologici, si tratta della logica dello Spirito espressa come un imparare a conoscere l'autodedizione di Cristo, come manifestazione del rapporto che esiste tra Padre e Figlio; e come testimonianza dell'amore che sulla croce si offre nella carne e nel sangue per la salvezza del mondo. Questa comprensione non è tanto puro sforzo intellettuale quanto invece un capire sempre meglio, in profondità, cosa ci è stato donato dal Padre:

«Nel passo complessivo diventa chiaro che lo scrutare del divino Spirito nell'abisso paterno dell'amore, mediante lo Spirito di Cristo a noi donato, può essere e deve essere anche il nostro proprio scrutare, e che questo scrutare neanche per noi è vano, poiché anzitutto noi dobbiamo «conoscere che cosa da Dio è stato donato» ed anche annunciarlo efficacemente a coloro che come noi hanno avuto in dono lo Spirito»[194].

Il nostro autore se da una parte insiste nel sottolineare la *criticità* della grazia come partecipazione alla filiazione divina, dall'altra precisa che solo con

[192] *SC*, p. 150.
[193] F. L. Ladaria, *Antropologia teologica*, *op. cit.*, p. 297.
[194] *TL* III, p. 352.

l'illuminazione dello Spirito è possibile comprendere e accogliere il dono di grazia che il Padre ha fatto all'umanità attraverso il Figlio:

> «Non v'è potenziamento dell'amore senza crescita della conoscenza, e il processo non si svolge unilateralmente in modo che solo l'amore, intensificato, porti un aumento di conoscenza, ma in una promozione reciproca, in quanto anche la crescita nella penetrazione intellettiva genera nuovo amore»[195].

Per concludere vogliamo riportare quanto Balthasar scrive, commentando la preposizione «per mezzo dello Spirito» del testo di *Romani* 5,5: «questo διά non è puramente di natura causale efficiente, ma dev'essere inteso come partecipazione donata: Dio nell'effondersi è l'amore, che viene riversato nei nostri cuori»[196].

1. Presupposti teologici

Balthasar si propone di approfondire il carattere di dono dello Spirito a partire dal dono che il Padre fa del suo essere nella generazione del Figlio. Prima di giungere alla conclusione che lo Spirito è il dono e il frutto dell'amore del reciproco donarsi del Padre e del Figlio, il nostro autore vuole ricondurre ogni cosa al mistero della donazione intratrinitaria del Padre. Dio è l'essere che si dona. Al centro del mistero di Dio troviamo l'amore del Padre che si dona al Figlio: «L'autodedizione del Padre, che dona non solo qualcosa di ciò che *ha* ma tutto ciò che *è* (in Dio c'è solo essere e nessun avere), passa interamente al Figlio generato»[197].

La riflessione sul mistero della paternità di Dio è illuminata dal testo del concilio Lateranense IV che egli tiene presente: «Il Padre, infatti, generando il Figlio eternamente, gli ha dato la sua sostanza, secondo quanto lo stesso attesta: "Ciò che il Padre mi ha dato è la più grande di tutte le cose" (*Gv* 10,29)»[198]. Per questo motivo il nome *donum* che riferiamo allo Spirito deve essere riferito anche al Figlio, poiché nella dedizione economica del Figlio emerge in tutta la sua profondità la donazione del Padre di cui il Figlio mostra chiaramente il volto del suo amore nei confronti del mondo (cfr *Gv* 3,16) .

---

[195] *SC*, p. 155.
[196] *Ibid.*, p. 114.
[197] *TD* V, p. 72.
[198] DH 805.

«In questo senso lo Spirito dovrebbe chiamarsi *donum doni*: l'amore donato dal Padre nel Figlio al mondo viene «versato nei cuori» mediante il dono dell'amore in quanto Spirito. Precisamente così lo Spirito ancora, e adesso anche a partire dall'intratrinitario, viene dimostrato come l'espositore donato del dono divino (che il Padre ci fa nel Figlio), e poiché il dono del Figlio era esso stesso già rivelazione dell'amore, questa esposizione mediante lo Spirito può avvenire di nuovo solo come introduzione nell'amore»[199].

Quanto fin qui detto ci aiuta a comprendere la prospettiva teologica in cui il nostro autore colloca la riflessione sulla grazia e su cui egli si sofferma particolarmente: si preoccupa di approfondire non tanto il "come" della grazia, quanto invece ciò che essa è "in sé", il suo fondamento trinitario. Le fonti a cui egli attinge per questa riflessione sono, oltre al Lateranense IV (DH 805), F. Ulrich[200], A. von Speyr[201]. Da Ulrich coglie la realtà profonda del donare come intimità di partecipazione e comunione ma anche come separazione fra donatore e dono, affinché il donatore possa essere realmente presente nel dono; mentre della von Speyr, a partire dal tema che essa sviluppa sulla preghiera nella Trinità, sottolinea la preghiera del Padre nei confronti del Figlio «affinché questi abbia la gioia dell'esaudimento»[202]. Il riferimento al Lateranense IV mette in risalto la consegna che il Padre fa al Figlio della sua sostanza, senza che questa donazione comporti una diminuzione del Padre, quanto invece una partecipazione del suo essere; così conclude il concilio: «il Padre e il Figlio sono la stessa cosa e ugualmente lo Spirito Santo che procede dall'uno e dall'altro»[203]. La caratteristica di dono dello Spirito viene formulata a partire dalla gratuità della vita intradivina, da questa prospettiva si pone anche l'enciclica *Dominum et vivificantem* di Giovanni Paolo II (18 maggio 1986): «Si può dire che nello Spirito Santo la vita intima del Dio uno e trino si fa tutta dono, scambio di reciproco amore tra le divine Persone, e che per lo Spirito Santo Dio esiste a modo di dono»[204].

A questo punto la conclusione a cui Balthasar giunge prepara l'opera dello Spirito nel mondo come partecipazione intima della vita divina all'uomo:

«Essendo egli la illimitata liquidazione del divino amore come dono, egli può non solo essere "sparso" come "grazia" nel cuore dei credenti (*Rm* 5,5), ma egli stesso ancora

[199] *TL* III, p. 133.
[200] *TL* III, pp. 185-187.
[201] *TL* III, p. 186.
[202] *Ibid.*, p. 186.
[203] DH 805.
[204] Giovanni Paolo II, *Dominum et vivificantem*, Lettera enciclica del 1986, in *Enchiridion Vaticanum* 10/472.

conliquidare l'apparentemente solida carne e sangue del Figlio in una eucaristia al Padre che include il mondo intero»[205].

Questo passaggio dalla Trinità immanente a quella economica non è fuorviante, non sminuisce la profondità e il mistero della vita interna di Dio; mostra invece come ciò che avviene nella Trinità immanente ha un risvolto nell'economia della salvezza. Nel dono dello Spirito definito come grazia versata nel cuore dei credenti, Balthasar lascia già intravedere il legame con la missione del Figlio nel mondo, sottolineando in particolare come l'opera dello Spirito si caratterizza in modo eucaristico. Da questo punto di vista la realtà dello Spirito che emerge da questa riflessione come amore e dono consente di illuminare il dono della grazia che Dio liberamente e gratuitamente partecipa alla creatura.

Come afferma L. F. Ladaria questi due nomi personali dello Spirito, amore e dono, non si contraddicono poiché :

> «Da una parte, in lui si esprime la vita divina nella sua più grande intimità, l'amore che costituisce la vita divina; in questo senso è il nucleo più profondo della vita trinitaria. Dall'altra, costituisce la massima espressione della comunicazione divina verso la creatura, il dono del Padre e del Figlio capace di introdurre l'uomo in questa intimità divina che lo Spirito esprime»[206].

2. *Retroscena biblico*

Attraverso il ricorso alla Scrittura, von Balthasar mette in risalto l'iniziativa libera e gratuita del Padre e il suo agire mediante lo Spirito e la Parola, facendo notare come le due missioni del Figlio e dello Spirito sono intimamente unite: «Poiché la Parola non si è ancora svuotata verso l'uomo, neanche lo Spirito si lascia regalare come il Dio che si dona»[207]

Esaminando alcuni tra gli scritti dell'Antico e del Nuovo Patto, egli mostra il progressivo compiersi del miracolo dello Spirito, come dono distribuito dal fondatore del Patto ai credenti e le forme espressive della grazia.

Le tappe di questo cammino sono interpretate mediante la categoria della promessa, in questo modo il nostro autore legge la storia veterotestamentaria[208] della grazia in una tensione che mette in risalto la differenza tra ciò che all'inizio

---

[205] *TL* III, p. 188.
[206] L. F. Ladaria, *Il Dio vivo e vero*, trad. it., Piemme, Casale Monferrato (AL) 1999, p. 386.
[207] *TL* III, p. 188.
[208] Riportiamo secondo l'ordine di citazione i testi biblici dell'AT presi in considerazione: *Sal* 33,6; *Es* 34,6; *Dt* 6,5; *Ger* 31,20; *Os* 11,8-9; *Ger* 31,33; *Ez* 36,26ss.

viene promesso nella profezia di *Ezechiele*: «porrò il mio spirito dentro di voi» (*Ez* 36,27), e ciò che Dio realizza quando lo Spirito versa nel cuore dell'uomo il suo amore (cfr *Rm* 5,5). Balthasar mette in luce la novità di questa presenza di Dio che si comunica all'uomo come dono, mostrando come il soffio vitale della creazione (cfr *Gn* 2,7), il respiro di Dio che donava la vita ad ogni vivente trova il suo compimento nei tempi messianici quando lo Spirito sarà effuso su ogni creatura (cfr *Gl* 3,1-5) come il soffio dell'amore vivificante di Dio. La promessa che si realizza con il Nuovo Patto è fondata sulla *kenosi* e sull'offerta che Gesù Cristo fa al Padre della sua vita. In questo modo il nostro autore prende in esame due aspetti. Da una parte si ferma a considerare l'incarnazione del Figlio, già precedentemente definita come il presupposto e il punto di partenza per una cristologia biblica dello Spirito[209]:

> «il miracolo dello Spirito che non si esinanisce può ormai compiersi una seconda volta, ma d'ora in poi nella totale dedizione del Padre all'Incarnato, e nell'obbedienza creaturale di questi al Padre che lo invia e alla fine lo abbandona. Il miracolo è ora *in Christo capite* interno all'uomo e sulla base dell'unità di Cristo con la restante umanità può d'ora in poi – per distinzione verso la pura veterotestamentaria benevolenza di Dio – essere chiamata "grazia" in senso specifico»[210].

Dall'altra, a partire dall'incarnazione, il dono dello Spirito viene definito come *donum gratiae*, una grazia che è configurata in chiave pneumatologica e viene presentata, sulla base di *Rm* 8,9.11, come Spirito del Padre e Spirito di Cristo:

> «Una grazia che adesso deve essere chiamata indistintamente "Spirito del Padre" e "Spirito di Cristo" (*Rm* 8, 9.11), uno Spirito il quale, come già menzionato, ha acquisito nel vivere e morire di Cristo l'esperienza dell'essere umano e che perciò "spinge" anche l'uomo in una maniera più intima che finora (*Mc* 1,12; *Rm* 8,14; *Gal* 5,18)»[211].

Un'ultima considerazione: il nostro autore non sviluppa una riflessione sul concetto di grazia nella Scrittura, ma desidera distinguere la pura benevolenza di Dio dalla grazia in senso specifico, che si realizza attraverso l'incarnazione come dedizione del Padre al Figlio e come obbedienza creaturale del Figlio al Padre. La presenza dello Spirito che accompagna e guida il cammino terreno di Cristo diventa la compagnia del cristiano che si lascia condurre dallo Spirito. I brani del Nuovo Testamento[212] che Balthasar cita tra parentesi sono in questa direzione e

---

[209] *TL* III, pp. 42-44.
[210] *TL* III, p. 189.
[211] *Ibid.*, p. 189.
[212] Cfr *Rm* 8,9.11;*Mc* 1,12; *Rm* 8,14; *Gal* 5,18;4,16;

preparano in questo modo le premesse per affrontare il tema sul rapporto tra lo Spirito come grazia «increata» e il suo interno agire nell'uomo.

Lo Spirito conduce Gesù nel deserto (cfr *Lc* 4,1), lo sospinge (cfr *Mc* 1,12), la stretta relazione dello Spirito con la missione di Gesù così come la sua presenza intima ci testimonia la realtà della nostra filiazione donataci con il dono della vita divina: «E che voi siete figli lo prova il fatto che Dio ha mandò nei nostri cuori lo Spirito del suo Figlio» (*Gal* 4,6). In questo modo il testo di *Rm* 5,5 si completa con quello di *Gal* 4,6 e, quindi, il dono della grazia è il dono della filiazione divina, ma questa ci è donata nel Figlio.

Capitolo quinto
La Trinità e la creazione

Quanto abbiamo esposto in riferimento alla prospettiva trinitaria della grazia viene ora chiarito ulteriormente seguendo le indicazioni che il nostro autore offre nella breve trattazione, circa il rapporto tra grazia increata e la grazia creata[213]. Egli preferisce non addentrarsi in questo mistero dell'azione intima dello Spirito nell'uomo ma fornire al lettore alcuni presupposti per chiarire i punti nodali del problema. Il punto di partenza che Balthasar propone per approfondire il rapporto tra lo Spirito come grazia increata e il suo interno agire nell'uomo (con la cosiddetta grazia creata) è il mistero di Dio in relazione con la nostra realtà creaturale: «le strutture dell'uomo come creatura già presuppongono il mistero trinitario»[214].

In altri contesti egli aveva affrontato e approfondito il tema della creazione alla luce del mistero della Trinità. Nel secondo volume della *Teodrammatica*, dopo aver affermato la distinzione tra Dio e la creazione e la non necessità di quest'ultima, conclude dicendo che «il mondo, e la libertà finita nel mondo, non avrà il suo fondamento in se stessa come Dio ce l'ha, e neppure in una "idea", ma esclusivamente nella libertà di Dio»[215]. Da questa premessa la soluzione a cui egli giunge rimane ancorata al mistero della Trinità: «Il luogo metafisico-ontologico della creatura è ormai la diastasi delle "persone" divine nell'unità della divina natura»[216]. L'approfondimento di questo tema si va arricchendo sempre più, nell'ultimo volume della *Teodrammatica* dove l'idea del radicamento trinitario della finitezza viene scelto come punto di partenza, il fine della creazione e il modello su cui essa è creata, vengono definiti sulla scorta della vita trinitaria: «Ma in via previa si può partire dal fatto che se Dio pianifica un mondo lo può volere soltanto come comunicazione della sua vita intratrinitaria dell'amore e pure plasmarlo soltanto secondo questo modello archetipo»[217]. Nella parte conclusiva di quest'opera dopo aver posto le premesse, per dimostrare la possibilità di una logica creaturale sigillata trinitariamente, prendendo come riferimento le processioni intratrinitarie, egli conclude dicendo che:

---

213 *TL* III, pp. 190-193.
214 *TL* III, p. 190.
215 *TD* II, p. 247.
216 *Ibid.* , p. 271.
217 *TD* V, p. 84.

«La gratuità della creazione (che dice pure la sua non necessità) viene fondata nella gratuità assai più fondamentale della vita intradivina, dove la gloria Dei nella creazione viene salvata da qualsiasi sospetto di divino solipsismo: l'intima partecipazione delle creature alla vita trinitaria diventa un dono interiore di ogni divina persona all'altra»[218].

La realtà creata e l'uomo in quanto creatura si trovano inseriti sin dall'inizio nel mistero di Dio, il piano di Dio sulla creazione è la premessa necessaria per iniziare il discorso sulla grazia. Trinità-creazione e grazia si trovano sin dall'inizio in correlazione, la finalità del Creatore, di voler partecipare se stesso all'uomo, si trova espressa in modo intrinseco già nella protologia e viceversa quest'ultima si trova inclusa nella Trinità.

Per evitare il pericolo di considerare la creazione come una emanazione di Dio, il nostro autore sottolinea la realtà della natura e l'inclusione di questa nel mistero di Dio, facendo ricorso al tema dell'alterità in Dio[219] e rimandando alla lezione del Lateranense IV, come leggiamo nel secondo volume di *Teologica*:

«Dio senza la differenza delle Ipostasi non può più essere quel Dio che la rivelazione conosce: il Dio dell'amore. Ma se è proprio dell'assoluto che esista l'altro, allora questa alterità all'interno della perfetta unità di essenza è il fondamento per una possibile alterità anche per la creatura non essenzialmente una con Dio e per le sue proprie ineliminabili differenze. Senza che debba venir violata la sempre *maior dissimilitudo* da Dio che è tipica della creatura (DS 806), dato che l'aseità di Dio non può essere assunta in nessuno stato per quanto intriso di grazia della creatura, bisogna tuttavia che ci sia in Dio un presupposto che possa rendere possibile pianificare una creatura e porla in essere, una creatura che nel suo essere ed essenza abbia una similitudine riflessa con il Dio trinitario»[220].

Prima di affrontare il passo successivo, dove l'autore spiega l'affermazione iniziale, è opportuno un riferimento al discorso sull'analogia[221], per comprendere come la possibilità di trovare nell'ambito creaturale la corrispondenza con quanto appartiene all'essenza di Dio, risiede nella capacità che Dio ha posto in seno alla creazione di partecipare al suo essere. Se leggiamo quanto egli scrive nel primo volume di *Teologica* a proposito del rapporto analogico tra verità creaturale e

---

[218] *Ibid.*, p. 430.

[219] Per questo tema rimandiamo a TD V, 53-160 e TL II, 69-72 oltre allo studio di G. Marchesi, *op. cit.*, pp. 340-346.

[220] TL II, p. 69.

[221] Per una riflessione sul tema dell'analogia in riferimento al nostro autore rimandiamo a G. de Schrijver, *Le merveilleux accord de l'homme et de Dieu. Etude de l'analogie de l'être chez Hans Urs von Balthasar,* Leuven 1983. Per un approfondimento del tema in ambito filosofico uno dei maggiori studiosi dell'argomento è E. Przywara, *Analogia entis. Metafisica*, 1962², tr. it., Vita e Pensiero, Milano 1995; nell'ambito della teologia trinitaria si può leggere il contributo di: F. Conigliaro, *Discorso sul Dio in cui credo. Gesù e il suo Dio*, Carlo Saladino Editore, Palermo 2016, pp. 708-741.

verità divina, ci rendiamo ci conto come il rapporto tra il Creatore e la creatura, caratterizzato dalla somiglianza in una dissomiglianza sempre più grande (cfr DH 806); si fonda – come leggiamo in *Teologica* – sulla rivelazione creatrice di Dio.

> «Questa analogia instaurata dalla creazione tra Dio e la creatura, è così fatta che si intona solo analogicamente con ogni altra analogia. Il fatto, tuttavia, che una simile analogia delle analogie sussiste, consegue dall'essenza dell'analogia della rivelazione creatrice di Dio, analogia che fonda ogni altra analogia. Giacché proprio in questa rivelazione la creatura riceve, dalla libera bontà di Dio, parte alla verità di Dio, e la rivelazione della divina verità si adempie nella forma di questo dono alla partecipazione. In tal modo la creatura viene intimamente disposta come un centro relativo di verità, il quale da parte sua diventa capace di conoscere la verità e di esprimerla. Le analogie intramondane posseggono dunque la loro ultima misura nell'analogia della creazione, ma è proprio per questo consentito usare di quelle per chiarire l'essenza di questa, tanto più che in ultima istanza la realtà intramondana acquista la sua spiegazione decisiva pur sempre dal rapporto tra realtà mondana e divina»[222].

Sulla base del presupposto teologico della vita intradivina Balthasar offre la spiegazione per motivare l'affermazione iniziale del discorso sulla grazia increata in direzione della generazione del Figlio. In questo modo la definizione della creaturalità a partire dalla Trinità approda nel mistero di Cristo. La motivazione su cui il nostro autore fonda il dono della libertà, da parte di Dio alla creatura, è il mistero della generazione del Figlio: «solo se intratrinitariamente il Padre consegna al Figlio con tutta la sua divinità anche la sovrana libertà di questa, si capisce che egli può dotare anche l'uomo con autoessere e libertà»[223]. Da questa prospettiva l'analogia cristologica[224] si inserisce nell'assoluta libertà di Dio, come consegna che il Padre fa al Figlio del suo amore (cfr Lateranense IV). In questo contesto ci sembra importante osservare come il nostro autore, dall'analogia ontologica, prenda le mosse per evidenziare l'analogia di libertà, a partire dalla libertà con cui il Padre rende partecipe il Figlio della sua divinità: «la generazione in Dio è definitiva, irrevocabile liberazione del generato a se stesso, il quale diventa per sempre partecipe di tutta la divina libertà»[225]. Solo approfondendo il tema dell'eterna libertà del Padre che eternamente si dona, che eternamente genera il Figlio, è possibile scorgere secondo von Balthasar la meraviglia della autodedizione paterna, che genera un Tu altrettanto assoluto e che con lui, nello

---

[222] *TL* I, pp. 231-233.
[223] *TL* III, p. 190.
[224] Per quanto riguarda questo argomento rimandiamo a Balthasar, *Teologica* II, pp. 272-276, *Teodrammatica* III, pp. 206-214 e allo studio più volte citato di G. Marchesi, pp. 241-251.
[225] *TD* V, p. 71.

Spirito Santo, è un solo Dio; ma altresì il dono della libertà finita dell'uomo può comprendersi come un tu interpellato e definirsi rispetto al donatore come un io[226].

La prima conclusione che Balthasar trae da questa riflessione, rimanda a quanto già affermato da alcuni Padri, come Tertulliano che contro Marcione difende la libertà umana e Origene che insiste fortemente sul ruolo della libertà degli esseri razionali. Il dono fatto all'uomo di autoessere e libertà – conclude Balthasar – è già una grazia creaturale, distinta dalla grazia divina ma sempre inclusa nel mistero infinito della donazione di Dio. Senza il dono della libertà rimane spazio soltanto per l'automatismo e non per una risposta libera e responsabile in ordine alla scelta o al rifiuto della chiamata di Dio; la libertà intradivina diventa il fondamento della libertà dell'uomo e la possibilità che essa ha di realizzare veramente se stessa solo in riferimento a quella divina. In questo primo aspetto si può notare il carattere dialogico della libertà che in seguito sarà ripreso in riferimento alla grazia, come afferma nel prosieguo della *Teologica*:

> «Il comprendere umano comincia con l'essere interpellato mediante un tu, cioè mediante un'altra libertà, che indicandomi certi dati di fatto mi rende attento. In tal modo però si realizza non solo questa realtà di fatto, essa diventa chiara unicamente in uno spazio aperto od orizzonte, all'interno del quale si illumina questo e quello, cioè si lascia stabilire come significativo, giusto, vero. [...] A questa libertà che interpella, l'interpellato ha da sempre *essere grato*»[227].

Quanto fin qui abbiamo espresso ci consente di precisare come il linguaggio dell'analogia, a cui il nostro autore fa riferimento, per quanto basato sulla creazione non elimina la trascendenza e l'incomprensibilità di Dio, quasi che il mondo fosse una emanazione della potenza di Dio; inoltre la distanza della creatura dal Creatore, non si risolve in separazione, non preclude a Dio la possibilità di incontrare l'uomo, il cammino di Dio verso l'uomo si realizza nella autocomunicazione di Dio.

> «L'analogia così intesa quindi non significa comprendere Dio e la creatura mediante uno stesso concetto e uno stesso linguaggio, ma appunto rimetterci al mistero, a quanto sta oltre noi stessi. E, in quanto si fonda sul fatto della creazione, perché in esso si basa ogni possibile similitudine della creatura con il Creatore, non si colloca sul cammino dell'uomo verso Dio, ma su quello di Dio verso l'uomo; la creazione, come ormai sappiamo, è l'inizio della manifestazione, della rivelazione divina»[228].

---

[226] Cfr *TD* II, p. 270.
[227] *TL* III, pp. 286-287.
[228] F. L. Ladaria, *Il Dio vivo e vero*, *op. cit.*, pp. 458-459.

Solo per questa ragione è possibile dedurre a partire dalla creazione una irradiazione del mistero di Dio: «nessuna realtà creata da Dio è priva della magnificenza e dell'essenza»[229], le strutture del mondo secondo quanto afferma A. von Speyr, partecipano della vitalità del mistero del Dio trino. Se prendiamo in considerazione la teologia di K. Rahner e quanto egli afferma a proposito dell'uomo come la cifra di Dio, l'esistente necessariamente trascendentale[230], possiamo cogliere, seppur in altri termini, quanto espresso da Balthasar: dal momento che Dio ha deciso di esprimersi nella sua Parola, in essa – così leggiamo in *Verbum Caro* – «ha determinato fin dal principio che l'uomo, la sua esistenza e la sua esperienza, fossero modalità di espressione»[231].

1. Il volto grazioso di Dio

Dopo aver mostrato le diverse prospettive che si dischiudono sul primo dono della libertà, definita come grazia creaturale, ci soffermiamo sul significato che il nostro autore attribuisce a questa libertà donata da Dio:

> «Certamente in questo primo dono della libertà viene primariamente evidenziato il rapporto faccia a faccia di Dio e uomo (che non sono della stessa concreta natura come il Padre e il Figlio) e in tal modo il carattere dialogico, ma quando alla fine questo dialogo diventa cristologico, allora si rileva sopra la indistruttibile diastasi tra Dio e la creatura la conformazione dell'*imago* al modello, consegue ciò che da Clemente, Atanasio, Gregorio di Nazianzo, Cirillo viene designato come "divinizzazione" della creatura, e ciò che, come sopra nel confronto fra la dottrina latina e greca della grazia, fu sempre ancorato da entrambe in comune nell'incarnazione della divina Parola»[232].

In questo paragrafo prenderemo in esame la definizione formale sulla grazia e il suo carattere dialogico. Nel descrivere lo Spirito come dono, attraverso il ricorso all'economia della salvezza, il nostro autore aveva definito la grazia come «la faccia di Dio rivolta verso l'uomo in modo non dovuto»[233]. In questa prima considerazione, la grazia viene colta nel suo aspetto personale e relazionale, come movimento di Dio che si volge verso l'uomo, ma anche nel suo carattere teologico ed epifanico, come mostrarsi e rivelarsi di Dio.

---

229 A. von Speyr, *Mistica oggettiva*, trad. it., Jaka Book, Milano 1989, p. 104.
230 K. Rahner, *Corso fondamentale sulla fede*, trad. it., Ed. Paoline, Alba (TO) 1984, p. 275.
231 *VC*, p. 96.
232 *TL* III, p. 190.
233 *TL* III, p. 188.

Nel secondo volume della *Teodrammatica*, pur non facendo riferimento alla grazia, il nostro autore cercando un termine per una definizione dell'uomo, afferma che solo a partire dal mistero di Cristo è possibile trovare una risposta al problema dell'uomo. In questo contesto egli descrive la relazione dell'uomo con Dio, realizzata dalla mediazione di Cristo, nei termini personali dell'incontro: «l'uomo si vede da questa relazione collocato faccia a faccia con il mistero di Dio stesso»[234].

Prima di definire la configurazione che la grazia assume in riferimento a Cristo, è opportuno chiarire il significato che il termine «faccia», utilizzato per definire la grazia, assume nella prospettiva del discorso sul metodo dialogico[235] che Balthasar segue in opposizione a quello della dialettica hegeliana. Per spiegare il termine persona il nostro autore, nel secondo volume della *Teologica* riporta in nota la definizione di Ch. Yannaras:

> «Il termine greco *prosopon* è composto da *pros*, che significa verso, di contro, a riguardo di, e di *ops*, che significa il viso, la faccia. La composizione dei due vuol dire: mi trovo in faccia a qualcuno, in faccia a qualcosa, volto il mio viso verso qualcuno o qualcosa. Per conseguenza, la persona è una nozione a priori relativa, la realtà di una persona presuppone il rapporto con un secondo soggetto, e dunque la persona si comprende come relativa»[236].

La formulazione personale della grazia come relazione di Dio con l'uomo è espressa sulla base dell'archetipo delle relazioni intratrinitarie, c'è un luogo privilegiato che indica l'evento dell'incontro con Dio, questo spazio è la preghiera, se leggiamo quanto A. von Speyr scrive a proposito della preghiera nella Trinità[237] ci rendiamo conto che la struttura dialogale della grazia, come rapporto faccia a faccia di Dio con l'uomo, si richiama a questa visione spirituale. Il brano della von Speyr, dedicato alla *Preghiera trinitaria*, sottolinea questa dimensione orante nel dialogo intratrinitario ma mostra altresì come in questo dialogo è racchiusa la possibilità per un dialogo di Dio con le creature:

> «Tutti e tre sono uno per l'origine dal Padre, ma distinti per il diverso rapporto di origine. Sono come persone l'uno di fronte all'altro uniti però nell'essenza proprio attraverso la carità divina. [...] E nel loro dialogo che essi conducono fin dall'eternità e che è la preghiera essi

---

[234] *TD* II, p. 326.
[235] Cfr *TL* II, pp. 32-49.
[236] Ch. Yannaras, *Personne et Communion*, in «Contacts» 25 (1973-1974), p. 310 cit. in *TL* II, p. 33 nota 32.
[237] A. von Speyr, *Il mondo della preghiera*, tr. it., Jaka Book, Milano 1982. Cfr *TD* V, pp. 81-84.342.

pongono la base fondamentale per ogni ulteriore dialogo tra Dio e le creature e per ogni preghiera che deve salire dal mondo verso Dio»[238].

Nel paragrafo dedicato al rapporto *Spirito e preghiera*, Balthasar parlando della presenza dello Spirito nell'uomo (cfr *Rm* 5,5) afferma come: «Lo Spirito a noi donato come dono è per noi la possibilità non solo di parlare in Dio come creature, ma di entrare insieme nel dialogo personale di Dio, che è lo Spirito»[239].

Il carattere dialogico che si esprime nel rapporto confidenziale della preghiera ci richiama ancora l'aspetto pneumatologico, lo Spirito non solo ci introduce nella preghiera ma ci conduce nell'intimità di questa comunicazione, che tradotta nel linguaggio del nostro autore vuol dire partecipazione «alle profondità viventi dell'evento tra il Padre e il Figlio»[240].

2. *L'amore graziosamente donato*

Dopo la logica dialogica della grazia, espressa nella presenza epifanica dello sguardo illuminato di Dio che si fa prossimità e interlocutore, Balthasar compie un altro passo nella direzione del mistero dell'incarnazione: «ma quando alla fine questo dialogo diventa cristologico, allora si rileva sopra la indistruttibile diastasi tra Dio e la creatura la conformazione dell'*imago* al modello»[241]. La dialettica positiva della creazione inclusa sin dall'inizio nel mistero della Trinità trova la sua conclusione nella mediazione di Cristo e nel *prius* della grazia; in questo modo l'atto creativo è posto in vista del secondo che dona la grazia[242].

In Cristo si rivela in modo unico, definitivo e insuperabile la grazia di Dio che vuole parteciparci la sua vita; Gesù è la pienezza della grazia e della verità (cfr *Gv* 1,14), in lui è apparsa la grazia di Dio (cfr *Tt* 2,11), con Gesù il volto grazioso di Dio si manifesta in tutto il suo splendore (cfr *2Cor* 4,6). Quanto nel paragrafo precedente abbiamo appena accennato sul volto grazioso di Dio ora può essere esplicitato a partire da Cristo, dal momento che egli è l'immagine del Dio invisibile (cfr *Col* 1,15). Il carattere dialogico, già sviluppato con il ricorso alla dimensione orante, ci introduce nella comprensione fondamentale della grazia come partecipazione concreta al mistero di Cristo e nella comprensione unitaria del

---

[238] A. von Speyr, *Preghiera trinitaria*, in *Mistica oggettiva*, *op. cit.*, p. 96.
[239] *TL* III, p. 294.
[240] *TL* III, p. 20.
[241] *TL* III, p. 190.
[242] Cfr *SC*, p. 32.

disegno di Dio. Seguendo il testo del nostro autore è possibile articolare la riflessione in due momenti, il primo momento interpreta il mistero dell'incarnazione, sulla scia della teologia patristica, come il momento in cui si realizza la conformazione dell'immagine al modello (divinizzazione); il secondo tenta di chiarire il come della "divinizzazione", la questione di come il modello possa incidersi nella copia.

Prima di affrontare il tema della divinizzazione, è opportuno richiamarci all'evento dell'incarnazione sulla base di alcuni presupposti che troviamo nella terza parte della *Teologica*: il Logos incarnato è afferrabile solo nella fede attraversata dallo Spirito[243], l'evento dell'incarnazione, anche se coinvolge direttamente soltanto il Figlio, è un evento trinitario[244], l'agire attivo dello Spirito nell'incarnazione non può essere definito come un agire secondario, Gesù durante la sua esistenza terrena, si lascia condurre in obbedienza dallo Spirito. In questo modo il nostro autore mostra come l'incarnazione sia un'opera trinitaria ma anche l'agire comune del Figlio e dello Spirito nella economia della salvezza.

A partire da questi presupposti possiamo concludere dicendo, che la divinizzazione è fondata su queste due missioni. In questo senso è possibile condividere quanto afferma l'enciclica *Dominum et vivificantem*: «la grazia, pertanto, porta congiuntamente in sé una caratteristica cristologica ed insieme pneumatologica»[245].

Inoltre incarnazione e spiritualizzazione sono intimamente congiunte:

> «Giacché lo Spirito in Gesù era colui che accompagnò la sua prima incarnazione fino alle sue ultime conseguenze, così che si può dire che l'incarnazione della divina Parola si compie nella nudità e solo ancora nel grido di morte inarticolato in croce [...]. Ciò significa che con l'ultima incarnazione coincide anche la perfetta pneumatizzazione del Figlio. [...] In una identificazione di incarnazione e spiritualizzazione, che giustifica le parole: «il Signore è lo Spirito», in quanto questi è "lo Spirito del Signore" (*2Cor* 3,17)»[246].

Il mistero della divinizzazione della creatura si compie mediante lo Spirito donato a noi da Cristo, «l'amore donato dal Padre nel Figlio al mondo viene "versato nei cuori" mediante il dono dell'amore in quanto Spirito»[247]; in questo dono si trova tutta l'essenza della divinità quindi la divinizzazione della creatura. In questo modo la logica della grazia appartiene al donarsi salvifico di Dio attraverso le missioni del Figlio e dello Spirito. Il rapporto tra incarnazione,

---

[243] Cfr *TL* III, p. 26.
[244] Cfr *TL* III, pp. 44.49.62-63. 149.
[245] Giovanni Paolo II, *op. cit.* , in *Enchiridion Vaticanum* 10/582.
[246] *TL* III, p. 159.

pneumatizzazione e divinizzazione viene presentato facendo riferimento al ruolo di interprete dello Spirito: l'unica verità che lo Spirito espone è la verità dell'amore divino che nel Figlio si è fatto carne (cfr *Gv* 1,14). Lo Spirito versato nel cuore dei credenti, non solo espone la verità del Figlio ma introduce in essa quanti si lasciano condurre da Lui. Il significato di questa introduzione viene precisato molto bene dal nostro autore: non si tratta di partecipare a una qualche energia divina, la grazia non è un terzo che si contrappone fra noi e Dio, ma si configura come irruzione di un evento straordinario che ci introduce nel mistero della Trinità: «veniamo introdotti non soltanto nelle «energie» di Dio, ma nella incomprensibilità della sua essenza, che è l'inconcepibile proprio nel suo essere rivelato e partecipato»[248]. La definizione di questa introduzione come partecipazione allo spazio divino del rapporto Padre-Figlio si può chiamare secondo Balthasar partecipazione all'incarnazione.

Per concludere possiamo dire che nel farsi carne del Verbo si manifesta il volto trinitario della grazia, come filiazione divina, come amicizia fraterna con Cristo, come intima unione con lo Spirito:

> «In virtù della grazia, egli non è solo chiamato un fratello di Cristo, ma lo è. E poiché ha ricevuto questa grazia di figliolanza e di fratellanza, che lo ha partorito di nuovo, lo ha generato diverso, ricreato trapiantato, che ha fatto di lui una nuova creatura, che lo ha fatto morire a se stesso, affinché viva in lui Cristo, che gli ha infuso nel cuore la testimonianza dello Spirito Santo, il quale attesta al suo spirito tale figliolanza, perciò, d'ora in poi, egli non vive nemmeno più per sé medesimo, non da sé, con le sue risorse, ma in virtù dell'amore di Cristo, ma nutrito dalla forza di Cristo e di Dio, dall'amore di Dio, che nel suo cuore è stato riversato mediante lo Spirito Santo, dall'amore di Cristo, che glielo ha donato, affinché nella forza di tale amore ami i fratelli, offra la vita per loro, come fece Lui, il Redentore»[249].

Dopo aver parlato del dialogo cristologico, dobbiamo spiegare come attraverso l'incarnazione si realizza la conformazione dell'immagine al modello (cfr *2Cor* 3,18). Balthasar introduce il tema dell'*imago Dei* (*imago Trinitatis*)[250] già trattato altrove, un tema presente nella Scrittura e ampiamente ripreso dalla Patristica. Cristo è l'immagine esemplare, secondo san Paolo «immagine del Dio invisibile» (*Col* 1,15); nella persona di Gesù possiamo riscontrare un duplice movimento, da una parte egli in quanto Figlio di Dio manifesta il volto del Padre (cfr *Gv* 14,9), dall'altra nel suo farsi uomo egli porta a compimento il disegno di

---

[247] *TL* III, p. 133.
[248] *TL* III, p. 63.
[249] *SC*, p. 182.
[250] Cfr *TD* II, pp. 285, 298-316; *TD* III, pp. 483-486; *TL* II, pp. 60, 229.

Dio sull'uomo espresso nella creazione (cfr *Gen* 1,26), rinnovando in questo modo l'immagine che il peccato aveva offuscato:

> «L'incarnato fatto uomo soltanto viene chiamato enfaticamente «immagine del Dio invisibile» (*Col* 1,15), oppure «immagine di Dio» con l'aggiunta che in lui è brillata la luce della gloria di Dio (*2 Cor* 4,4). Ma che Gesù non è unilateralmente immagine dall'alto – e in questa comprensione dell'immagine si mostra ogni volta presente l'Immaginato stesso [...] – bensì immagine anche come compimento oppure ricupero del carattere perduto, oscurato di immagine che è dell'uomo»[251].

L'immagine, secondo la concezione greca, non è la riproduzione di un'opera, non è una imitazione, ma mostra l'archetipo originale, solo in questo senso possiamo intendere il realismo della divinizzazione che si realizza con l'incarnazione; come trasformazione e conformazione della nostra immagine al modello. Seguendo il pensiero di G. Siewerth, a cui fa riferimento anche Balthasar, possiamo dire che:

> «Quando appare il Figlio, appare la Parola di Dio nell'immagine e nel volto dell'uomo. Chi dall'interno del suo amore vide in umiltà, vide l'amore stesso di Dio; egli vide Dio non in una 'copia', ma vide l'archetipo esemplarmente apparente dell'amore stesso che si dona»[252].

Con A. von Speyr il significato del termine immagine si approfondisce in direzione della creazione, se da una parte affermiamo che tutto è stato fatto per mezzo di Cristo (cfr *Gv* 1,3), dall'altra dobbiamo dire che tutto è stato creato come possibile espressione del Verbo; creazione e incarnazione sono due momenti distinti, ma nella creazione abbiamo l'inizio della manifestazione di Dio che troverà il pieno compimento nella incarnazione del Figlio.

> «Niente nel mondo è lasciato al caso, poiché il mondo vive nel piano di Dio. Egli crea tutto con riferimento al Figlio, poi crea anche gli uomini, proprio agli uomini dà un posto di preferenza. Essi portano fin dal principio l'immagine di Dio e i giorni interminabili tra il peccato e la redenzione non hanno cancellato le intenzioni di Dio»[253].

Il Padre realizza nell'uomo mediante l'azione dello Spirito la nostra somiglianza con Cristo, in questo senso il significato dell'espressione «*ad immaginem*» di *Gen* 1,26, interpretata alla luce dei testi di san Paolo (cfr *2Cor* 3,18; 4,4; *Col* 1,15), se da una parte esprime chiaramente un titolo cristologico, l'essere configurati a Cristo; dall'altra ci aiuta a comprendere i due aspetti della

---

[251] *TL* II, p. 61.

[252] Cfr. G. Siewerth, *Wort und Bild*, in *Philosophie der Sprache*, Johannesverlag 1962, p. 35 cit. in *TL* II, p. 239 nota 110.

[253] A. von Speyr, *Mistica oggettiva*, *op. cit.*, p. 103.

divinizzazione: la realtà dell'incarnazione come dono della grazia che ci libera dal peccato e dalla morte e ci rende partecipi della comunione con Dio, e il dinamismo di questa trasformazione progressiva, qualcosa che deve crescere, sempre in riferimento a Cristo al prototipo, esprimendo così la tensione e l'impegno dell'uomo. La conformazione della nostra immagine al modello unico Gesù Cristo non sopprime la distanza tra Dio e l'uomo, ma come precisa Balthasar essa si fonda «sopra la indistruttibile diastasi tra Dio e la creatura»[254].

Per concludere possiamo dire che il principio formulato da Massimo il Confessore[255], citato dal nostro autore, secondo cui umanizzazione di Dio e divinizzazione dell'uomo crescono insieme, rimane ancora valido, ma in questo modo l'affermazione di K. Rahner che ogni teologia resta in eterno antropologia risulta confermata, e in questo caso anche condivisa da Balthasar: «Può venir approvata un'ultima parola di Rahner che se Dio stesso diventa uomo e lo rimane per l'eternità, [...] la teologia di conseguenza rimane in eterno antropologia»[256].

3. *Il movimento della grazia*

Dopo aver approfondito il carattere della deificazione, si tratta di chiarire le questioni sollevate da coloro che di fronte alla natura segnata dal peccato si chiedono come sia possibile affermare una simile partecipazione alla vita divina. A ciò si aggiunge la difficoltà di ritenere che dopo un simile intervento di Dio, verificatosi con l'incarnazione del Verbo, si possa parlare di una natura non alterata e perciò capace di rapportarsi liberamente a Dio:

> «In tal modo è posta la questione come il modello può incidersi nella copia o come l'increato può rapportare a sé la cosa creata in modo che questa venga elevata come tale, ma non distrutta, e compiuta sopra se stessa (*gratia non destruit, sed elevat et perficit naturam*)»[257].

Prima di spiegare come Balthasar risponde a questa questione vogliamo riportare il commento che egli fa dell'assioma scolastico: *gratiam non destruit, sed elevat et perficit naturam* al di fuori di questo contesto. Nel volume conclusivo della *Teodrammatica* egli affronta la questione di come le creature possano essere accolte nella vita della Trinità senza perdere la loro creaturalità, la risposta che egli dà si trova nella stessa linea di quanto egli scriverà nella *Teologica*:

---

[254] Cfr TL III, p. 190.

[255] Cfr TL III, pp. 156. 159.

[256] K. Rahner, *Corso fondamentale sulla fede*, *op. cit.*, p. 293 cit. in TL II, pp. 247-248.

«La inconcepibilità dell'accoglimento della nostra terrena esistenza in Dio dipende quindi dal fatto che la modalità di questo accoglimento viene comunicata dall'alto, dal supremo modello trinitario, dove i nostri modi creati (come copie e imitazioni) non vengono distrutti ma innalzati al di sopra di sé ed arrivano così al loro autentico destino (*gratia non destruit, sed elevat et perficit naturam*)»[258].

Ci sembra opportuno sottolineare alcuni elementi di questa affermazione: la partecipazione alla vita divina è un dono che trascende le nostre possibilità, esso ci viene comunicato direttamente da Dio. Inoltre il modello di questa donazione esiste nella vita intradivina ciascuna delle divine persone si dona senza riserve alle altre: il Padre «non si perde e non perisce nel dono, non ritiene niente per sé, perché l'essenza piena di Dio è in tale autodonazione»[259]. Infine ciò che appartiene alla nostra creaturalità non viene distrutto ma trova una espressione superiore, il suo compimento.

Nel secondo volume della *Teologica* il come della partecipazione alla vita divina riceve una nuova formulazione a partire dall'azione dello Spirito che agendo dal di dentro dell'uomo lo rende capace di comprendere che cosa gli viene donato da Dio:

«Lo Spirito promesso però compie la natura (*non destruit sed perficit et elevat naturam*) non solo con un apparire dall'alto, dove le idee ad essa inaccessibili le vengono rappresentate e infuse, ma allo stesso tempo espressamente da sotto e da dentro, nel senso che il detto Spirito rende l'elemento "etico" e "religioso" nella natura capace di afferrare queste idee, perché il loro contenuto può essere sempre ogni volta più grande di quanto la natura sia in grado di contenerlo»[260].

Infine nel volume conclusivo della *Teologica*, Balthasar spiega come la realtà creaturale della natura non è distrutta ma è elevata dal *donum* dello Spirito, così come avviene nella vita intradivina dove la processione dello Spirito non rende problematico il rapporto tra il Padre e il Figlio:

«In quanto la grazia, ora concepita come consegna del *donum* divino, già intratrinitariamente non distrugge il rapporto dialogico di Padre e Figlio, ma lo compie senza misura, non si può affatto dire che la consegna di questo *donum* alla creatura metta in questione il suo rapporto dialogico verso Dio»[261].

---

[257] *TL* III, p. 190.
[258] *TD* V, p. 342.
[259] *TD* IV, p. 303.
[260] *TL* II, p. 66.
[261] *TL* III, p. 190.

In questa risposta si definisce il ruolo dello Spirito come artefice della divinizzazione e assimilazione a Cristo, in questo modo la grazia riceve l'ultima formalizzazione come consegna del dono dello Spirito alla creatura (cfr *Rm* 5,5); inoltre la risposta alla questione da cui abbiamo preso le mosse, coinvolge il mistero della vita intradivina, ancora una volta l'analogia teologica diviene il centro per illuminare il rapporto tra Dio e la creatura. Si tratta di considerare il significato dello Spirito, come dono dell'amore che intercorre tra il Padre e il Figlio, di orientare il discorso tenendo presente il rapporto dialogico intratrinitario che il nostro autore assume come presupposto ermeneutico per motivare la sua risposta:

> «Così non resta altro che di comprendere la dedizione paterna come atto di imprepensabile amore, che il Figlio come tale riceve, e questo non "passivamente" come amato, ma, ricevendo la *substantia* del Padre come suo amore, come a un tempo co-amante, amante in risposta, come colui che risponde all'universo dell'amore paterno, come colui che è pronto a tutto nell'amore»[262].

Lo Spirito come espressione personale di questo donarsi reciproco di Padre e Figlio rappresenta la realtà più profonda della divinizzazione dell'uomo:

> «Così la cosiddetta "punta estrema" dell'essere divino è identica al "centro più intimo", e quando lo Spirito sarà donato come dono alla creatura, si trova in questo dono tutta l'essenza della divinità, quindi la "divinizzazione" della creatura»[263].

L'amore che il Padre nutre per il Figlio si rende presente attraverso la grazia visibile come manifestazione intima di questo amore nel dono dello Spirito versato nei nostri cuori (cfr *Rm* 5,5), da una parte rivelazione dell'amore e della comunione del Padre e del Figlio, dall'altra come partecipazione alla vita divina, introduzione mediante lo Spirito nello spazio dell'amore trinitario:

> «Precisamente così lo Spirito ancora, e adesso anche a partire dall'intratrinitario, viene dimostrato come l'espositore donato del dono divino (che il Padre ci fa nel Figlio), e poiché il dono del Figlio era esso stesso già rivelazione dell'amore, questa esposizione mediante lo Spirito può avvenire di nuovo solo come introduzione nell'amore»[264].

Dopo la definizione della grazia sulla scorta della pneumatologia, von Balthasar chiarisce il significato di questa elevazione della natura da parte della grazia, il testo che il nostro autore tiene presente implicitamente è *Gv* 8,35-36:

---

[262] *TL* III, p. 130.
[263] *TL* III, p. 132.
[264] *TL* III, p. 133.

«Ora, lo schiavo non resta per sempre nella casa; il figlio vi resta per sempre. Se dunque il Figlio vi farà liberi, sarete liberi davvero». A questo punto si inserisce la riflessione sulla libertà come qualità propria dello Spirito, una libertà che a differenza di quella del Figlio, fondata sulla disponibilità e obbedienza al Padre, è fondata sulla libertà comune dell'amore del Padre e del Figlio e si esprime economicamente come l'amore libero e lasciato libero, ma come il Figlio a disposizione della testimonianza dell'intimissimo amore di Padre e Figlio. La definizione dello Spirito come libertà diventa l'orizzonte in cui la libertà finita ritrova se stessa non come altra rispetto a Dio, ma come libertà donata in riferimento a Lui, lo Spirito libera la nostra libertà dalla chiusura di ritenersi assoluta e indipendente[265]. Balthasar afferma ancora una volta quanto già espresso nel secondo volume della *Teodrammatica*: «Qui è da ricordare di nuovo che la libertà di Dio può star di fronte a quella creata non come "l'altra", ma che la libertà creata può compiersi solo nell'assoluta, che è identica all'amore»[266]. Tuttavia perché tutto questo non risulti come già in Pelagio una tensione propria della creatura a perseguire l'ideale di una libertà veramente realizzata sull'esempio di Cristo, va detto che solo il rendersi presente di Dio attraverso la grazia consente alla libertà finita di raggiungere la pienezza[267]. Nella grazia di Cristo riceviamo il dono della filiazione divina, ma in questa vocazione è presente l'intero processo di mediazione della "giustificazione" e "santificazione" compiuto da Cristo per noi. In questo contesto la risposta di Agostino[268], che nei confronti di Pelagio, il quale intendeva la libertà naturale come grazia, ha dovuto insistere nell'affermare l'aspetto della grazia come liberazione della volontà resa schiava dal peccato, offre a Balthasar l'occasione per sottolineare come l'aspetto di una grazia che guarisce la natura restituendole la libertà non dovrebbe mai essere trascurato.

L'*exemplum* storico-salvifico massimo della grazia divina è la croce di Cristo – così scrive nella *Teodrammatica*[269] – come autodedizione dell'amore assoluto; la realtà di questo avvenimento non è semplicemente come ritiene Pelagio, un esempio da conoscere per imitare e seguire Cristo, ma anche come afferma Agostino una intima partecipazione sacramentale alla vitalità intradivina della vita d'amore di Dio.

Balthasar afferma che occorre sottolineare che la partecipazione alla comunione con Dio mediante la grazia, è reale, presente e interiore. Per questo

---

265 Cfr TL III, p. 219.
266 TL III, p. 196. Inoltre per il tema: *libertà infinita e finita* rimandiamo a TD II, pp. 183-293.
267 TD II, pp. 286-292.
268 Cfr TL III, p. 190; TD IV, pp. 349-353.
269 Cfr TD IV, p. 352.

motivo egli fa notare come Agostino abbia affermato la necessità della grazia che risana e libera la volontà dell'uomo asservita al peccato a partire dal dono dell'amore di Dio (cfr *Rm* 5,5), «versato mediante lo Spirito nella nostra natura come meta del definitivo Patto di Dio»[270]. La presenza dello Spirito, secondo quanto Agostino scrive nella sua opera *De Spiritu et littera*, e a cui Balthasar si riferisce per introdurre gli ultimi due punti (il processo dinamico della grazia e la divisione di datore e di dono), non solo realizza il comandamento dell'amore poiché come egli scrive: «L'amore non fu scritto nelle tavole di pietra, ma è stato riversato nei nostri cuori per mezzo dello Spirito Santo che ci è stato dato»[271], ma dona alla libertà finita dell'uomo di realizzarsi: «Il libero arbitrio non si elimina per la grazia, ma si conferma, perché la grazia risana la volontà con la quale si ami liberamente la giustizia»[272]. È degno di interesse che il testo evangelico di *Giovanni* 8,36, cui Balthasar si riferisce implicitamente per descrivere la presenza della grazia nella creatura, compaia già in Agostino a proposito della libertà cristiana, fondata sulla libertà infinita di Dio.

Su due aspetti, utili alla comprensione del discorso sulla grazia, dovremmo ancora soffermarci, come parte integrante degli sviluppi sulla riflessione agostiniana da cui prende le mosse il nostro autore.

Il primo concerne il processo dinamico della grazia, già descritto ampiamente al concilio di Trento. La riflessione si sofferma sull'azione dello Spirito nel credente attraverso l'opera di giustificazione e santificazione. La presenza della grazia accompagna interamente la vita dell'uomo, non si tratta di un intervento che si inserisce dall'esterno, né come un evento improvviso o dialettico, ma di una compagnia che affianca l'esistenza dell'uomo nelle sue età e condizioni; per questa ragione è possibile distinguere singoli aspetti della grazia:

> «così che è giustamente distinguibile una grazia attiva che aiuta, introduce e accompagna il processo dalla meta raggiunta, dove naturalmente questa meta non può essere uno stato di riposo, ma, specie nello stato terreno di pellegrinaggio, presuppone un continuo essere per la via (*Fil* 3,12), così che la grazia che accompagna il processo rimane sempre ulteriormente attiva»[273]

Il secondo aspetto riguarda «l'arrivo del dono divino nella creatura»[274], e la mancata distinzione da parte di P. Lombardo che, sulla base del testo di *Rm* 5,5 e *1Gv* 4,13.16, interpreta la grazia presente nell'uomo come irradiazione dello

---

[270] *TL* III, p. 190.
[271] Agostino, *De Spiritu et littera* XVII, 29. Cfr. anche http://www.augustinus.it/latino/index.htm
[272] *Ibid.*, XXX, 52 cit. in *TL* III, p. 191 nota 15.
[273] *TL* III, p. 191.
[274] *Ibid.*, p. 191.

Spirito Santo senza distinguere la presenza della Trinità che si rivolge a noi (grazia increata) e il frutto di questa presenza salvifica (grazia creata). Di fronte ai vari tentativi teologici susseguitisi a partire dalla Scolastica, von Balthasar ritiene che il mancato chiarimento di questo punto abbia portato alla distinzione che egli definisce poco felice «di una "grazia increata" (che è lo Spirito Santo) e di una "grazia creata" (che è il suo effetto nell'uomo)»[275].

Procedendo nella riflessione teologica sulla grazia, Balthasar formula alcune conclusioni. Egli riflette sul rapporto tra datore e dono, e sull'importanza di «distinguere il datore dal dono; altrimenti il dono nel donato rimarrebbe un impartecipato, cosa su cui Pietro Lombardo non ha riflettuto quando ha identificato l'atto di amore umano con lo Spirito Santo»[276]; con ciò non bisogna dimenticare come questa distinzione, abbia portato come conseguenza che l'accento fosse posto sulla grazia creata a scapito di una considerazione sulla inabitazione divina nella creatura. Anche i tentativi moderni come la controversia[277] fra la *praemotio phisica* tomista e la *gratia sufficiens ed efficax* molinista, a parere di Balthasar sono poco convincenti:

> «In una presunta intuizione di una doppia predestinazione (se ora *ante o post praevista merita*) – di cui però la Scrittura non sa nulla – nella controversia baiano-giansenistica fu colta la distinzione tra una *gratia sufficiens* (che però come tale non basta alla salvezza) e una *gratia efficax* (che allora realmente basta). Simili figure non bibliche di pensiero non servono in alcun modo a illuminare la rivelazione»[278].

Di fronte ad una tale problematicità, la soluzione offerta dal nostro autore si pone sul piano dell'economia della salvezza: da una parte la questione della «messa in conto dei meriti del Crocifisso», dall'altra l'amore dello Spirito versato nell'uomo. Si tratta della dottrina della doppia giustizia di Seripando[279]: dell'*imputatio meriti Christi* e dell'*inhabitatio Spiritus*. Purtroppo bisogna dire che Balthasar non porta al termine la riflessione sull'argomento, lo accenna soltanto. Ciò che egli lascia intravedere come considerazione conclusiva riguarda il tema dell'alterità come questione fondamentale per la teologia, ma anche la necessità dell'analogia come affermazione della distanza tra Dio e la creatura: «In ultima

---

275 *Ibid.* , p. 191.
276 *Ibid.*, p. 191.
277 Per approfondire il rapporto tra la grazia di Dio e la libertà umana, rinviamo al contributo di L.F. Ladaria *Natura e Soprannaturale*, in B. Sesboüé (ed.), *Storia dei Dogmi*, vol. II, Piemme, Casale Monferrato (AL) 1997, pp. 342-352.
278 *TL* III, 193 nota 18.
279 Cfr. Per gli scritti di Seripando segnaliamo: D. Gutierrez Moran, *Hieronymi Seripandi scripta*, in «Latinitas» 12 (1964), pp. 152-152

analisi non è da dimenticare che Dio può sì porre davanti a sé la creatura come un altro, lui stesso però non diventa mai con questo un altro; egli rimane *Non Aliud. To Pan estin autos* (*Sir* 43,27)»[280]. La lezione filosofica di Nicolò di Cusa sul mistero di Dio formulata con il termine *Non Aliud* (Non-Altro) per esprimere come la trascendenza di Dio è tale che si fa Non-Altro, viene assunta da Balthasar come orizzonte ermeneutico. In *Verbum Caro* ancora sulle tracce del Cusano, così scrive sul rapporto tra Dio e la creatura:

«V'è una somiglianza, ma essa si obnubila confondendosi nella dissomiglianza sempre maggiore. Tutto è indizio di Dio, ma Egli è il totalmente Altro, lo sconosciuto. E ignoto lo è nella massima misura, là dove trascende anche il nome di totalmente-Altro e si fa non-Altro (*Non Aliud*). [...] Dio è amore, e noi possiamo conoscerlo e viverne. Ma questo amore come tale è il puro prodigio, che ci supera sempre infinitamente con la sua irradiazione, che mai possiamo dominare e di è dato solo di adorare perennemente»[281].

Anche di fronte all'incommensurabile che si apre davanti a noi, attraverso il mistero del Dio sempre più grande che si rivela per mostrarci il volto della grazia nel Figlio e il dono del suo amore nella presenza santificante dello Spirito, il cammino dell'uomo guidato e sorretto dalla grazia non si arresta, ma ci raggiunge attraverso questa grandezza e ci mostra come questa grandezza sempre crescente di Dio ci conduce incondizionatamente a Dio.

Così riferendoci al pensiero di A. von Speyr è opportuno riportare quanto scrive in un testo dal titolo *Dio è tutt'altro*:

«La grazia di Dio non si arresta dove comincia l'incomprensibilità di Dio. Ogni volta che noi vogliamo tirarci indietro spaventati dalla grandezza di Dio e senza coraggio, poiché i suoi pensieri superano senza confronti i nostri, allora ci raggiunge la sua grazia e noi sperimentiamo con certezza che i suoi pensieri, le sue vie, che non sono le nostre, sono i pensieri e le vie eterne e sicure della sua grazia»[282].

Sulla stessa linea si muove K. Rahner, nel *Corso fondamentale sulla fede* a proposito dell'autocomunicazione di Dio che si dona all'uomo attraverso la grazia dello Spirito:

«Autocomunicazione divina quindi significa che Dio può comunicarsi in se stesso al non divino, senza cessare di essere la realtà infinita e il mistero assoluto e senza che l'uomo cessi di essere l'esistente finito, distinto da Dio.[...] Dio rimane Dio anche nella grazia e nella visione immediata di lui, cioè rimane la misura prima e ultima che non può essere misurata da

---

280 *TL* III, p. 192.

281 *VC*, pp. 192-193.196.

282 A. von Speyr, *Mistica oggettiva*, *op. cit.*, p. 91.

qualcos'altro; egli rimane il mistero che solo è evidente; l'orizzonte dell'azione più sublime dell'uomo»[283].

Nei confronti dei due fronti (tomisti e molinisti), Balthasar esprime il suo disappunto e propone una considerazione sul mistero di Dio a partire dalla realtà dell'amore intradivino. Per questo motivo al di là di tutte le distinzioni necessarie rimane il fatto che la grazia non è qualcosa di cui l'uomo possa disporre. Il proposito di leggere in profondità l'articolazione sul tema della grazia a partire dalla breve esposizione sul rapporto tra lo Spirito come grazia increata e il suo interno agire nell'uomo che il nostro autore affronta nel volume conclusivo della *Teologica*, conferma sino alla fine il fondamento teologico di questa formulazione:

«E siccome Dio è essenzialmente Dio, quindi al di là del pensiero greco della sostanza come «essere»è uno che si dona, che si riceve e che ama, il rapporto del Dio che abita nella sua creatura dovrebbe essere posto al di là dei concetti fisico-ontici e puramente personali, storicamente parlando al di là della controversia fra tomisti (*praemotio phisica*) e molinisti (*gratia sufficiens ed efficax*)»[284].

Il discorso sulla grazia risulta chiaro a partire dal mistero. Dio che nella sua essenza è amore (cfr *1Gv* 4,8.16), il segreto più intimo dell'Essere divino, la pienezza dell'essenza è amore che si dona, dove unità e alterità non sono in opposizione:

«Per essere chiamato amore, vuole essere in se stesso dedizione e fecondità, e quindi all'interno della sua unità vuole far spazio all'«Altro», e che questo positivamente Altro giustifica l'alterità della creatura rispetto a Dio e che l'«Altro in Dio», senza eliminare la differenza Dio-creatura, può essere quest'Altro anche nella condizione di creatura»[285].

Solo in Cristo possiamo conoscere la manifestazione dell'amore divino, fino alle sue estreme conseguenze drammatiche della morte in croce: in lui la logica dell'amore si rivela in tutta la sua pienezza e fecondità mostrando in questo modo come Dio «è uno che si dona». Per questo possiamo dire che intratrinitariamente l'essere della grazia è l'amore di Dio nella vita della Trinità e in riferimento alla creatura riconoscere come questo amore nel Figlio e nello Spirito è la libera manifestazione di sé, l'amore graziosamente donato per noi (nella morte in croce del Figlio) e a noi partecipato (nell'effusione dello Spirito): Dio nella grazia decide di stare di fronte a noi. Il principio teologico dell'amore risulta pertanto la

---

[283] K. Rahner, *Corso fondamentale sulla fede*, *op. cit.*, p. 166.

[284] *TL III*, p. 192.

[285] H. U. von Balthasar, *Epilogo*, in *La mia opera* ed *Epilogo*, *op. cit.*, p. 111.

vera possibilità per poter parlare della grazia, il rapporto del Dio che abita nella creatura, può avere come unica spiegazione la gratuità dell'amore divino. Ma questo amore gratuitamente donato, viene versato nei cuori (cfr *Rm* 5,5) da Dio mediante il dono in assoluto dello Spirito: «Questo Spirito, è soffio, alito, non contorno, e quindi vuol solo investirci e compenetrarci del suo spirare, non oggettualizzarsi per noi, non vuole essere visto, ma essere occhio veggente della grazia in noi».[286]

---

[286] *SC*, p. 96.

Conclusione

«Ogni buon regalo e ogni dono perfetto vengono dall'alto e discendono dal Padre, creatore della luce: presso di lui non c'è variazione né ombra di cambiamento» (*Gc* 1,17). L'affermazione della lettera di Giacomo ci conduce al Padre, come alla sorgente primigenia da cui ha origine ogni bontà, ogni perfezione, ogni regalo. Ma la grazia più grande (cfr *Gc* 4,6) che Dio ha donato all'umanità è il suo amore, non come qualcosa che Dio possiede ma in quanto il suo essere è tale, «l'Essere stesso di Dio è amore»[287]. La storia della grazia già dalla creazione rivela il significato profondo che il mistero di Dio è Trinità d'amore che si dona: «Un essere *appare*, ha luogo un'epifania: in ciò è bello e ci rende felici. Apparendo ci si dona: è buono. E donandosi *si esprime*, si svela: è vero (in sé e nell'altro cui si rivela)»[288]. E ancora: «L'amore rimane la realtà prima del mistero divino»[289], così scrive von Balthasar in *Teologica*.

Nella Trinità c'è una Persona che procede secondo l'amore e questa Persona è lo Spirito, come *amore-dono increato*. L'enciclica di Giovanni Paolo II, *Dominum et vivificantem*, a partire dalla Persona dello Spirito definisce la vita intima di Dio come dono mostrando come lo Spirito è Persona-amore e Persona-dono. Nel dono dello Spirito, dato dal Risorto agli apostoli e alla chiesa, giunge a noi il respiro vivente di Dio, il soffio dell'amore si posa su ogni uomo, perché tutti siano ricolmi della sua grazia:

> «Si può dire che nello Spirito Santo la vita intima del Dio uno e trino si fa tutta dono, scambio di reciproco amore tra le divine Persone, e che per lo Spirito Santo Dio «esiste» a modo di dono. È lo Spirito Santo *l'espressione personale* di un tale donarsi, di questo essere-amore. È Persona-amore. È Persona dono. [...] Al tempo stesso, lo Spirito Santo, in quanto consostanziale al Padre e al Figlio nella divinità, è amore e dono (increato), da cui deriva come da fonte (*fons vivus*) ogni *elargizione* nei riguardi delle creature (dono creato)»[290].

L'essenza della grazia come l'amore di Dio che ci inonda, il volto grazioso di Dio rivolto verso l'uomo in modo non dovuto, ha come fine quello di suscitare la nostra risposta, farsi amare da noi:

> «Così si resterà all'affermazione che noi vediamo apparire attraverso la gloria del Figlio l'abisso della gloria di amore dell'invisibile Padre, e questo nella doppia figura dello Spirito

---

[287] *Catechismo della Chiesa Cattolica*, Libreria Editrice Vaticana, Città del Vaticano 1993, n. 221.

[288] H. U. von Balthasar, *Ultimo rendiconto* in *La mia opera* ed *Epilogo*, *op. cit.*, p. 90.

[289] *TL* II, p. 122.

[290] Giovanni Paolo II, *Dominum et vivificantem*, *op. cit.*, pp. 472-473.

Santo dell'amore, mentre noi, come nati dallo Spirito, esistiamo nel fuoco dell'amore, in cui Padre e Figlio si incontrano, e in tal modo, insieme con lo Spirito, siamo al tempo stesso i testimoni e i glorificatori di questo amore»[291].

Il compito necessario di una nuova formulazione della dottrina della grazia espressa nei termini di una "conversione" semantica è quanto si proponeva già P. Fransen scrivendo un paragrafo dal titolo *Graziosità di Dio* (*Gottes Gnädigkeit*)[292], incoraggiando in questo modo la riflessione teologica a intraprendere una nuova interpretazione, capace di accogliere le domande dell'uomo moderno e le sfide della nuova svolta causata dalla filosofia ermeneutica e dall'idealismo linguistico. In questo senso egli utilizzando il termine "graziosità di Dio" mostrava come sia nella lingua tedesca che in quella olandese, è possibile conservare la radice del termine "grazia", facendo notare inoltre come l'espressione "graziosità di Dio" «esprime più chiaramente l'aspetto personale e dinamico della grazia»[293].

Il confronto con l'opera di H. U. von Balthasar ci ha permesso di conoscere come egli abbia realizzato le attese di questa "conversione", fornendo altresì gli elementi per una visione personale e dinamica della grazia, che non si sofferma sulle distinzioni del passato, ma invita a guardare il mistero del Dio sempre più grande. Una proposta capace di integrare la dimensione della gratuità propria della grazia all'interno del mistero della Trinità come epifania del *donar-si* salvifico di Dio, un dono, quello della grazia, che si fonda nella protologia, che approfondisce, a partire dall'incarnazione, il significato della divinizzazione dell'uomo, che non dimentica di salvaguardare la libertà dell'uomo da ogni riduzione; ma soprattutto che trova nella dottrina sullo Spirito i presupposti fondamentali per formulare il discorso sulla grazia.

Per concludere possiamo ancora rimandare e innalzare lo sguardo verso l'abbagliante mistero di luce da cui tutti i raggi sono scaturiti, poiché nulla nell'ambito della fede è comprensibile senza questo mistero dove si fonda e risplende anche quello della grazia.

Nella sezione settima del piano delle opere, dal titolo: *Preghiera e mistica*, un volume che contiene una raccolta di prediche tenute alla radio, von Balthasar commendando la festa liturgica della Trinità così scrive:

«E solo a partire dalla Trinità di Dio può esserci qualcosa come la *Grazia*: Grazia come "partecipazione alla natura divina", che non elimina la differenza tra Dio e uomo. Ad un unico

---

291 *TL* III, p. 354.
292 P. Fransen, *Le strutture fondamentali del nuovo essere*, in *Mysterium Salutis*, vol. IX, *op. cit.*, p. 416.
293 *Ibid.*, p. 417.

monolitico la molteplicità non può partecipare intimamente, malgrado tutto quello che ci dicono i filosofi platonici. Essi percepiscono qualcosa della realtà e necessità di questa partecipazione, ma a partire dai loro presupposti non possono raggiungerla. Il puro e semplice "Uno" rimane, per il Molteplice, un irraggiungibile Aldilà. Dio può a partire da sé, dalla sua intima vita, condividere se stesso solo se questo "con" nel "dividere" è già conforme alla sua propria vita: se Dio dunque è già un Esser l'uno per l'altro, e precisamente in maniera così assoluta che in Lui non sono tre che stanno l'uno di fronte all'altro e in un secondo momento comunicano all'altro qualcosa di sé, ma invece questi stessi tre sono già essi stessi il frutto del comunicare. Colui che in Dio noi chiamiamo Padre è il "frutto" della sua dedizione a colui che noi chiamiamo Figlio; egli esiste come tale dedizione, e il Figlio esiste come ricezione nella gratitudine, come dipendenza dal Padre e restituisce di sé a lui. E nuovamente: la restituzione non richiude entrambi in se stessi, ma li apre invece al compimento del "con", che viene posto in maniera assoluta nel comune Spirito. Solo a partire di qui la Grazia diventa comprensibile».[294]

[294] H.U.von Balthasar, *Tu coroni l'anno con la tua grazia (Salmo 65,12)*, tr. it., Jaka Book, Milano 1990, p. 111.

Elenco delle abbreviazioni

1. Sigle delle opere di H. U. von Balthasar in traduzione italiana

SC	*Spiritus Creator* (1972²)
TD II	*Teodrammatica*, vol. II: *Le Persone del Dramma: L'uomo in Dio* (1982)
TD IV	*Teodrammatica*, vol. IV: *L'Azione* (1986)
TD V	*Teodrammatica*, vol. V: L'ultimo atto (1986)
TL I	*Teologica*, vol. I: *Verità del mondo* (1989)
TL II	*Teologica*, vol. II: *Verità di Dio* (1990)
TL III	*Teologica*, vol. III: *Lo Spirito della Verità* (1992)
VC	*Verbum Caro* (1968)

2. Abbreviazioni bibliche

La traduzione seguita è quella della Conferenza Episcopale Italiana del 2003.

Col	*Lettera ai Colossesi*
1-2 Cor	*Prima e seconda lettera ai Corinzi*
Ef	*Lettera agli Efesini*
Ez	*Ezechiele*
Gc	*Lettera di Giacomo*
Gen	*Genesi*
Gal	*Lettera ai Galati*
Gl	*Gioele*
Gv	*Vangelo secondo Giovanni*
1 Gv	*Prima lettera di Giovanni*
Is	*Isaia*
Lc	*Vangelo secondo Luca*
Mt	*Vangelo secondo Matteo*
Mc	*Vangelo secondo Marco*
1-2 Pt	*Prima e seconda lettera di Pietro*
Rm	*Lettera ai Romani*
Sir	*Siracide*
Tt	*Lettera a Tito*

3. Altre abbreviazioni

DH	H. Denzinger – P. Hünermann, *Enchiridion symbolorum et declarationum de rebus fidei et morum*, Edizioni Dehoniane, Bologna 1995

Bibliografia

Bibliografia di H. U. von Balthasar

- *Verbum Caro. Skizzen zur Teologie* I, Einsiedeln 1960, trad. it., *Verbum Caro* I, Morcelliana, Brescia 1968[2].
- *Bewegung zu Gott*, in *Mysterium Salutis*, Ed. II: *Grundriss heilsgeschichtlicher Dogmatik*, J. Feiner – M. Lohrer (edd.), Einsiedeln 1967, trad. it. *L'accesso alla realtà di Dio*, in *Mysterium Salutis*, vol. III, Queriniana, Brescia 1969.
- *Spiritus Creator. Skizzen zur Teologie* III, Einsiedeln 1967, trad. it., *Spiritus Creator* III, Morcelliana, Brescia 1972[2].
- *Cordula. Oder der Ernstfall*, Einsiedeln 1966, trad. it., *Cordula ovverossia il caso serio*, Morcelliana, Brescia 1968.
- *Teodramatik*, Bd. II: *Die Personen des Spiels*, Teil 1: *Der Mensch in Gott*, Einsiedeln 1976, trad. it., *Teodrammatica*, vol. II: *Le persone del dramma: L'uomo in Dio*, Jaka Book, Milano 1982.
- *Karl Barth. Darstellung und Deutung seiner Theologie*, Einsiedeln 1976, trad. it., *La teologia di Karl Barth*, Jaka Book, Milano 1985.
- *Teodramatik*, Bd. III: *Die Handlung*, Einsiedeln 1980, trad. it., *Teodrammatica*, vol. IV: *L'azione*, Jaka Book, Milano 1986.
- *Teodramatik*, Bd. IV: *Das Endspiel*, Einsiedeln 1983, trad. it., *Teodrammatica*, vol. V: *L'ultimo atto*, Jaka Book, Milano 1986.
- *Teologik*, Bd. I: *Wahrheit der Welt*, Einsiedeln 1985, trad. it., *Teologica*, vol. I: *Verità del mondo*, Jaka Book, Milano 1989.
- *Teologik*, Bd. II: *Wahrheit Gottes*, Einsiedeln 1985, trad. it., *Teologica*, vol. II: *Verità di Dio*, Jaka Book, Milano 1991.
- *Teologik*, Bd. III: *Der Geist der Wahrheit*, Einsiedeln 1987, trad. it., *Teologica*, vol. III: *Lo Spirito della Verità*, Jaka Book, Milano 1992.
- *Du krönst das Jahr mit Deiner Huld. Radiopredigten*, Einsiedeln 1988, trad. it., *Tu coroni l'anno con la tua grazia (Salmo 65,12)*, Jaka Book, Milano 1990.
- *Epilog*, Einsiedeln 1987, trad. it., *La mia opera* ed *Epilogo*, Jaka Book, Milano 1994.
- *Mein Werk- Durchblicke*, Einsiedeln 1990, trad. it., *La mia opera* ed *Epilogo*, Jaka Book, Milano 1994.

Bibliografia complementare

- Alfaro J., *La grazia di Cristo e del cristiano*, in *Cristologia e Antropologia*, Città di Castello (PG), 1973, p. 89.
- Colombo G., *Una teologia seria* in «Communio» 120 (1991), p. 12.
- ID., *Sull'antropologia teologica*, in «Teologia» 20 (1995), p. 233.
- Conigliaro F., *Discorso sul Dio in cui credo. Gesù e il suo Dio*, Carlo Saladino editore, Palermo 2016.
- De Lubac H., *Paradosso e mistero della Chiesa*, Jaka Book, Milano 1980, p. 137.
- De Schrijver G., *Le merveilleux accord de l'homme et de Dieu. Etude de l'analogie de l'être chez Hans Urs von Balthasar,* Leuven 1983.
- Fransen P., *Presentazione storico-dogmatica della dottrina della grazia*, in *Mysterium Salutis* IX, Queriniana, Brescia,1975, p. 176.
- ID., *Le strutture fondamentali del nuovo essere*, in *Mysterium Salutis* vol. IX, Queriniana, Brescia 1975, p. 416.
- Gutierrez Moran D., *Hieronymi Seripandi scripta*, in «Latinitas» 12 (1964), pp. 152-152.
- Ladaria F. L., *Antropologia teologica*, Piemme, Casale Monferrato (AL) 1986, pp. 213-234.
- ID., *Il Dio vivo e vero*, Casale Monferrato (AL) 1999, pp. 452-473.
- ID., *Natura e Soprannaturale*, in B. Sesboüé (ed.), *Storia dei Dogmi*, vol. II, Piemme, Casale Monferrato (AL) 1997, pp. 342-352.
- Marchesi G., *La cristologia trinitaria di Hans Urs von Balthasar*, Brescia 1997, p. 17.
- Moda A., *La ricezione dell'opera di Hans Urs von Balthasar in Italia*, in «Teologia» 14 (1989), p. 7.
- Przywara E., *Analogia entis. Metafisica*,1962^2,tr. it., Vita e Pensiero, Milano 1995.
- Rahner K., *Corso fondamentale sulla fede*, Edizioni Paoline, Alba (TO) 1984, p. 275.
- ID., *Hans Urs von Balthasar*, in «Humanitas» 20 (1965), p. 885.
- ID., *Natura e grazia*, in *Saggi di antropologia soprannaturale*, Edizioni Paoline, Roma 1969, pp. 97-98.
- ID., *Il Dio trino come fondamento originario e trascendente della storia della salvezza*, in *Mysterium Salutis*, vol. III, Queriniana, Brescia 1969, p. 426.

- Ruggieri G., *Per un discorso su Dio. Note in margine alla «Teologia dei tre giorni» di Hans Urs von Balthasar*, in H. U. von Balthasar, *Teologia dei tre giorni*, Queriniana, Brescia 1990, pp. 5-20.
- Vignolo R., *Hans Urs von Balthasar: estetica e singolarità*, Jaka Book, Milano 1982.
- Von Speyr A., *Mistica oggettiva*, Jaka Book, Milano 1989.
- Von Speyr A., *Il mondo della preghiera*, Jaka Book, Milano 1982.

Indice

Indice

Printed by Books on Demand GmbH, Norderstedt / Germany